I0408255

Manuela Cantoia, Maria Chiara Crippa, Caterina Simoncelli e
Matteo Vagli (a cura di)

VIVERE LO SPORT

Motivazione e Benessere

Volumi pubblicati:

Serie "Texts"

A. Cancer & A. Antonietti, *Il pensiero in azione. Applicazioni della psicologia cognitiva*

M. Cantoia & A. Antonietti, *Mappe e storie. Dai processi cognitivi alla comunicazione*

C. Valenti & A. Antonietti, *Enhancing the human potential. Psychological interventions in different settings*
L. Pisciottano Manara, A. Bartolomeo, M. Mancini & C. Valenti, *Milano nelle esperienze dei bambini*

Serie "Training"

L. Rahmani, C. Gagliardi, E. Girani, C. Antonietti & A. Antonietti, *Pensare la matematica. Dai numeri ai significati: un training al problem finding*

ISBN-13   978-1546536031

Copyright © 2017 by PsyPrint. Tutti i diritti sono riservati. Nessuna parte di questa pubblicazione può essere fotocopiata, riprodotta, archiviata, memorizzata o trasmessa in qualsiasi forma o mezzo – elettronico, meccanico, reprografico, digitale – se non nei termini previsti dalla legge che tutela il Diritto d'Autore.

INDICE

INDICE DEGLI AUTORI

Aglieri Michele
Pedagogista e formatore. Insegna all'Università Cattolica del Sacro Cuore di Milano, alla Scuola Superiore di Scienze dell'educazione San Giovanni Bosco di Firenze-Massa e all'Istituto Superiore di Scienze Religiose di Crema-Cremona-Lodi.

Benatti Dario
Musicoterapeuta, esperto del metodo Feuerstein e coach in relazioni d'aiuto, insegna presso la Facoltà di Psicologia dell'Università Cattolica di Milano e collabora con lo SPAEE (Servizio di Psicologia dell'Apprendimento e dell'Educazione) dello stesso Ateneo.

Cantoia Manuela
Professore associato di Psicologia cognitiva applicata presso la Facoltà di Psicologia dell'Università eCampus. Collabora con lo SPAEE (Servizio di Psicologia dell'Apprendimento e dell'Educazione) dell'Università Cattolica di Milano.

Colombo Lucia
Psicologa, psicoterapeuta. Insegna presso la Facoltà di Scienze delle attività motorie e sportive dell'Università Cattolica di Milano e collabora con l'Unità di Psicologia dell'Arte dello stesso Ateneo.

Crippa Maria Chiara
Psicologa dello sport presso Mentesport, collabora con lo SPAEE (Servizio di Psicologia dell'Apprendimento e dell'Educazione) dell'Università Cattolica di Milano. Tecnico della Squadra Nazionale Junior della Federazione Italiana Sport Orientamento.

Facchinetti Simone
Avvocato. Docente del Master in Management e diritto dello Sport presso l'Università eCampus. Collabora con Mentesport.

Michelotto Monica
Psicologa, specialista in e-Health ed esperta in assistenza domiciliare per anziani e disabili attraverso tecnologie domotiche e sistemi di monitoraggio remoto.

Morganti Luca
Psicoterapeuta cognitivo-comportamentale ed esperto di *biofeedback* in realtà virtuale, collabora con lo SPAEE (Servizio di Psicologia dell'Apprendimento e dell'Educazione) dell'Università Cattolica di Milano.

Moscardin Daniele
Laureato in Scienze dell'Attività Motoria Preventiva e Adattata, responsabile del settore calcio presso la Polisportiva SuperHabily.

Simoncelli Caterina
Psicologa dello sport presso Mentesport, collabora con lo SPAEE (Servizio di Psicologia dell'Apprendimento e dell'Educazione) dell'Università Cattolica di Milano. Technical Specialist e Allenatrice di primo livello di pattinaggio artistico.

Vagli Matteo
Psicologo dello sport presso Mentesport. Docente di Motivazione e Crescita personale presso la Facoltà di Psicologia dell'Università eCampus, collabora con lo SPAEE (Servizio di Psicologia dell'Apprendimento e dell'Educazione) dell'Università Cattolica di Milano.

PREFAZIONE
Simone Facchinetti

> *«In un uomo, osserva la maniera di agire, esamina le sue motivazioni, guarda dove trova appagamento. Non è questo un mezzo sicuro di conoscerlo?».*
>
> Confucio

> *«La vita è sempre degna di essere vissuta e lo sport dà possibilità incredibili per migliorare il proprio quotidiano e ritrovare motivazioni».*
>
> Alessandro Zanardi

"Motivazione", un vocabolo che assume molteplici significati a seconda del contesto in cui lo si ritrova utilizzato. Soprattutto, un vocabolo che tende ad acquisire un peso mutevole se lo adattiamo ad un ambito piuttosto che ad un altro, o in diversi momenti storici. Ricercando nella storia dello sport, si può notare come la motivazione sia sempre presente, ma rivolta ad un concetto diverso di sport: come gioco o come guerra, come fonte di ispirazione per artisti e come cura e benessere del proprio corpo, come strumento pedagogico e come medicina, così come a volte confusa con l'atletismo, l'agonismo e il doping.

La motivazione sportiva è tutto.

È ciò che determina la differenza tra una *performance* tanto efficiente, quanto efficace e soddisfacente e una prestazione anonima. Gli autori di questo Volume sono stati capaci di approfondire questo tema dal punto di vista evolutivo, educativo, relazionale con rigore scientifico, con attenzione alla modernità e con la sensibilità di persone innamorate del loro lavoro e del tema che stanno trattando.

La volontà concreta e paziente di dare a tutti i lettori e operatori del settore sportivo e psicologico una visione analitica e completa delle problematiche affrontabili rende questa pubblicazione tanto pregevole quanto densa di innumerevoli spunti di riflessione. La lettura scorre intrigante e stimolante, tra tecnicismi, sfide e obiettivi.

Ai lettori mi limiterò a segnalare l'immediato valore pratico, seppur spesso ignorato, della motivazione.

Nella vita quotidiana, sentiamo parlare di motivazione costantemente: il movente, la motivazione di una sentenza, i motivi che hanno spinto una persona a compiere determinati atti. Mi arrischio a dire come, per molti versi, la motivazione rappresenti il fulcro di un'esistenza: quale sarebbe il senso di portare avanti una vita, nei suoi impegni, affanni e gioie quotidiane, se non ci fosse una motivazione dietro di essa? E nelle norme che regolano formalmente la nostra quotidianità e progettualità?

Nel diritto - se escludiamo la motivazione di un atto giuridico, obbligo imprescindibile per il buon funzionamento della giustizia - potremmo dire come la motivazione non ha alcun peso.

Nel difficile discrimine tra la condotta oggettiva di una persona e i motivi che la spingono ad attuare la medesima condotta, il nostro legislatore si è sempre detto maggiormente interessato alla prima, piuttosto che alla seconda. I motivi che spingono un individuo a contrarre un contratto, a portare avanti un negozio giuridico, a recedere o a porre in essere qualsiasi altro fatto, appaiono irrilevanti.

Tuttavia, in un'ottica onnicomprensiva del nostro diritto, il legislatore non si poteva certo permettere di lasciare in esistenza delle aree mancanti di tutela.

Quindi? Ecco la soluzione del nostro ordinamento giuridico: per la legge, la motivazione (o i motivi) conta solo quando è illecita. Se uno sportivo gareggia per motivi personali, piuttosto che per sogni di gloria o ancora per superare i propri limiti, la nostra legge non se ne cura. Ma se uno sportivo gareggia con il fine (esclusivo o meno) di arrecare danno all'altrui persona, allora questa diventa una motivazione illecita.

Pare una concezione estremamente limitante di un termine dagli effetti tanto estesi. Eppure, una simile definizione - applicata nell'ambito sportivo - ha permesso che determinate attività potessero continuare senza essere costantemente sotto i riflettori dell'autorità giuridica.

Partiamo da un esempio.

In un incontro a livello agonistico di boxe, uno dei due partecipanti rimane gravemente ferito a seguito di un colpo portato a segno dal contendente.

Per il diritto, la situazione si osserva sotto una lucida meccanica: il danno dello sportivo è collegato, attraverso nesso di causalità, al fatto lesivo. Ma questo fatto lesivo, è illecito? Dipende.

Ci poniamo queste domande:
- sono state rispettate le regole sportive?
- il danno subito rientrava nel rischio calcolato dallo sportivo?
- qual era la finalità di chi ha inferto il colpo? In altre parole, la sua motivazione era puramente agonistica?

Se a queste tre domande si risponde positivamente, il fatto non risulta punibile: il nostro offeso, quindi, rimarrà una sfortunata vittima di un incidente sportivo.

Questo è stato il frutto di una giurisprudenza che ha dovuto affrontare un'espansione sempre maggiore delle attività sportive e una differenziazione in crescendo delle stesse. Ad un certo punto, non si è trattato più di dover decidere di schermaglie tra i pochi sportivi presenti sul territorio nazionale, ma di dover disciplinare gli effetti e le conseguenze di discipline ancora in evoluzione.

Del resto, non sarebbe così difficile sentenziare la colpa di un tennista che ha ferito un tifoso lanciando inavvertitamente la racchetta sugli spalti, ma sarebbe più gravoso riuscire a trovare la fonte di responsabilità in un caso di commozione cerebrale all'interno di una partita di rugby.

E pur risultando interessante sotto un punto di vista giuridico, come si ricollega la motivazione alle nostre premesse iniziali?

Se la motivazione è ciò che rende un'esistenza reale e ciò che permette ad uno sportivo di raggiungere i propri scopi, allora la sintesi è piuttosto chiara.

Motivazione, come cita la nostra Corte di Cassazione, deve consistere nel «senso vigile e umanitario del rispetto dell'integrità fisica, sia dell'avversario, sia di terzi».

Pur nella ottica puramente logica del diritto, possiamo interpretarlo come un incoraggiamento: lavorare sulla motivazione vuol dire essere in grado di raggiungere obiettivi sempre migliori, non solo per sé stessi, ma anche per gli altri.

Concentrarsi sulla motivazione vuol dire non permettere a qualsivoglia interferenza di distoglierci dal nostro personale percorso di crescita.

Concludo con l'invito a lasciare l'illecito al nostro legislatore e l'invito ad una lettura meditata di questo meritevole scritto sia agli operatori del settore, sia a coloro che, digiuni di una specifica cultura tecnica, intendono superare le barriere mentali, indagare e abbattere i propri limiti, e così raggiungere la capacità di esprimersi al meglio.

INTRODUZIONE
Manuela Cantoia

A livello nazionale, negli ultimi due anni si è assistito ad un sensibile miglioramento della partecipazione sportiva, tuttavia, i numeri indicano ancora un ampio margine di miglioramento, considerando che solo un terzo degli italiani (33,3%) pratica un'attività sportiva, a fronte del 40% che risulta condurre una vita sedentaria (ISTAT, 2016).

Tra i tanti fattori che incidono su questo scenario (costi, strutture, tempo, ecc.), uno è forse prioritario: una sana e corretta cultura dello sport.

Per molti lo sport e le attività motorie in generale, sono ancora confinati all'interno di una visione riduttivistica che considera le valenze ai fini della cura e della prevenzione della salute, piuttosto che del semplice svago e "sfogo".

Lo sport è uno stile di vita, trasversale alle diverse stagioni dell'esistenza di ogni individuo, nell'ottica di un benessere che è tanto fisico, quanto psicologico. Essere o meno "sportivi" è una scelta di fondo che discrimina tra persone che investono su se stesse, prima ancora che sulla propria salute, con l'impegno e la dedizione che rendono lo sport una vera e propria metafora della vita: vittorie e sconfitte, valori, regole, (auto)disciplina, obiettivi, incontro con l'altro, sacrificio, *fair-play*, ecc.

Questo volume corale si propone di integrare il punto di vista di chi lo sport lo promuove, lo studia, lo pratica, lo accompagna, nella volontà comune di ottimizzarne il vissuto e le ricadute.

Due sono le parole chiave attorno alle quali si sviluppano i diversi capitoli: motivazione e benessere. I primi due capitoli, rispettivamente di Vagli e di Crippa e Simoncelli, definiscono e approfondiscono in modo sintetico questi due costrutti, per offrire al lettore la possibilità di inquadrare il discorso all'interno di una cornice teorica e culturale.

Con il contributo di Aglieri si apre alla dimensione educativa dello sport, così come viene vissuto nei principali contesti di vita dei giovani.

Il capitolo di Benatti pone l'accento sull'importanza di una comunicazione corretta a livello sia personale, sia interpersonale, soprattutto quando ci si confronta con i giovani sportivi.

La relazione tra adulti e giovani atleti viene affrontata anche nel quinto contributo, di Cantoia, spostando tuttavia il focus sulle implicazioni sottese ai comportamenti, in particolare degli adulti, quando di tratta di accompagnare l'esperienza sportiva dei figli.

Colombo porta il discorso sulla fascia di età più sensibile, l'adolescenza, il periodo dei grandi abbandoni così come delle decisioni di forte investimento sullo sport.

Andando avanti nelle stagioni della vita, Morganti e Michelotto affrontano l'importanza e del ruolo dello sport e dell'attività motoria nella terza età, la fase in cui non si tratta più forse tanto di sviluppare capacità, quanto di mantenere e recuperare funzionalità e di scoprire il valore sociale aggregante delle attività motorie.

Si passa quindi alla testimonianza di un'esperienza di attività fisica adattata presso la Polisportiva Superhabily, nel contributo di Morganti e Moscardin.

Il volume si chiude passando idealmente il testimone ai veri protagonisti, gli sportivi. Crippa, Simoncelli e Vagli riportano e commentano una serie di testimonianze dirette che diventano casi paradigmatici rispetto al tema della motivazione e del benessere.

1. MOTIVARSI E SAPER MOTIVARE
Matteo Vagli

> «*Some people want it to happen,*
> *Some wish it would*
> *happen,*
> *Others make it*
> *happen*»
> Michael Jordan

Che cos'è la motivazione? Come e da dove nasce? Possiamo stimolarla e, soprattutto, mantenerla? Nel capitolo proveremo a rispondere ad ognuno di questi quesiti, soffermandoci principalmente sugli aspetti pratici della motivazione, perché, in fin dei conti, la teoria deve essere finalizzata alla pratica, affinché sia interessante ed efficace.

1.1. La motivazione: definizione e teorie

Come possiamo definire la motivazione? Semplificandone il significato, potremmo dire che la motivazione non è altro che il "motivo" per il quale facciamo qualcosa. Se ci soffermiamo a pensare qualche istante alla nostra quotidianità, possiamo renderci conto di come la motivazione pervada ogni istante della nostra vita. Qualsiasi cosa facciamo, la facciamo per un motivo. Ad esempio, al mattino ci alziamo dal letto per andare a lavorare, a studiare, per fare colazione, o perché non abbiamo più sonno. Dopodiché, per uscire di casa ci vestiamo, potremmo farlo perché ci sentiamo vincolati, obbligati a seguire le norme sociali o più semplicemente per coprirci dal freddo, ma abbiamo comunque dei motivi. Ecco allora che quando parliamo di motivazione non dobbiamo immaginarla unicamente connessa agli aspetti più importanti della nostra vita, ma piuttosto ad ogni singolo istante della nostra quotidianità.

E quando la motivazione è assente? Per quanto ci possa essere una mancanza di motivazione, spesso ci troviamo piuttosto di fronte ad una scarsa livello di quest'ultima. Semplicemente, tendiamo a confondere la poca motivazione con la sua assenza. Ciò comporta tuttavia il rischio di non andare a fondo, di non chiedersi perché vi sia poca motivazione. Quando invece ci rendiamo conto che la motivazione c'è, ma è bassa, allora siamo costretti ad approfondirne le cause. Una scarsa motivazione può essere dettata da fattori interni alla persona o esterni e se non si interviene, se non si alimenta quella piccola fiamma, si rischia di accantonare la faccenda, rinunciando a perseguire l'obiettivo.

Naturalmente, negli anni, la motivazione è stata teorizzata ed affrontata secondo prospettive di pensiero diverse, che hanno permesso di approfondire sempre di più questo particolare costrutto. Già con Darwin (1859) vi fu un tentativo di definire la motivazione, facendola coincidere con l'istinto, al pari degli animali. Così come un animale si nutre e si difende per garantirsi la sopravvivenza, noi esseri umani orientiamo il nostro comportamento su base istintiva, per sopravvivere. Successivamente, McDougall (1908), sviluppando questo approccio, individuò diciotto categorie di inclinazioni in grado di dirigere la nostra condotta, tra le quali ad esempio, la tendenza alla socialità o alla ricerca di cibo. È con l'etologo Konrad Lorenz (1937) che le teorie degli istinti videro il loro apice, attraverso l'individuazione di comportamenti specie-specifici innati.

Negli anni '40 le teorie degli istinti furono rimpiazzate dalla teoria della riduzione delle pulsioni (Hull, 1943). Tale teoria sostiene che, in caso di una situazione di disequilibrio, il nostro organismo genera pulsioni con il fine di ristabilire l'omeostasi. Ciò significa che, in caso di disidratazione, proviamo sete, così da poterci dissetare e ristabilire l'equilibrio. Ma come facciamo a dissetarci? Ecco che entra in gioco l'abitudine: abbiamo sete, sappiamo che dobbiamo aprire la bottiglia dell'acqua per dissetarci, la apriamo, beviamo e ristabiliamo l'equilibrio. Così facendo, non è solo la pulsione a motivarci verso un determinato comportamento, ma la pulsione unita all'abitudine, sviluppata attraverso rinforzi e punizioni (modello pulsione x abitudine).

È con le teorie socio-cognitive che la psicologia riesce a spiegare in maniera esaustiva il tema della motivazione. Come ognuno di noi ha potuto sperimentare direttamente, la motivazione non è semplicemente relegabile alla sfera biologica, non possiamo pensare che tutto si riduca alla semplice soddisfazione di bisogni fisiologici: motivare significa fare i conti anche con il corpo, i pensieri ed il contesto sociale.

Il modello "aspettativa x valore" di Atkinson (1964), pone l'attenzione su due aspetti fondamentali della sfera socio-cognitiva: l'aspettativa di raggiungere o meno un obiettivo ed il valore attribuito a quest'ultimo. La differenza individuale assume un ruolo di rilievo: ciò che una persona può reputare difficile, un'altra persona può considerarlo facile. Secondo questo modello, il grado di motivazione nel perseguire i diversi obiettivi è determinato dalla percezione della persona e dal suo senso di autoefficacia.

Altro fattore cruciale nello stabilire il livello di motivazione è rappresentato dalle attribuzioni causali (Weiner, 1972): ogni individuo formula delle ipotesi riguardo le cause degli eventi che, nello specifico, riguardano tre diversi aspetti:

- la localizzazione delle cause (locus of control), che può essere sia interna che esterna;
- la stabilità temporale del fattore che ha generato le cause (stabile o instabile);
- la controllabilità di tale fattore (controllabile o non controllabile).

Le attribuzioni causali influenzano la motivazione a tre livelli (Moè, 2010, pp. 98-99):

- aspettative: sono il mediatore motivazionale tra attribuzione e motivazione. Le aspettative si delineano in relazione alla stabilità della causa, alla controllabilità e al locus interno/esterno;
- traducibilità in convinzioni: le convinzioni sono acquisite socialmente («Per riuscire si deve essere portati», «Basta volerlo»), possono determinare le scelte strategiche e radicarsi. Tra le convinzioni annoveriamo l'autoefficacia, gli obiettivi, gli stili attributivi e le teorie implicite;

- stili attributivi: sono modalità di spiegazione e di risposta ai successi/fallimenti che tendono a stabilizzarsi nel tempo. Esiste un rapporto bidirezionale tra stili e emozioni, che si influenzano reciprocamente.

Ciò permette di spiegare come mai certe volte scegliamo di agire ed altre di ritirarci dalla situazione. In caso di insuccesso, ad esempio, una localizzazione interna delle cause potrebbe generare bassa autostima, oppure, in certi momenti siamo più portati ad agire quando il fattore causale è controllabile, in quanto ci possiamo percepire come attori principali in grado di agire efficacemente sulla situazione.

È con Deci e Ryan (1985) che viene sottolineata una distinzione fondamentale all'interno del costrutto della motivazione: la differenziazione tra una motivazione di tipo intrinseco ed una di tipo estrinseco. La motivazione intrinseca è quella che nasce da noi e solo da noi, è il "fare per il gusto di fare". Quando siamo motivati intrinsecamente, tendiamo a superare con maggior determinazione gli ostacoli, poiché siamo noi a voler raggiungere l'obiettivo. Diverso invece è il caso, quando si tratta di motivazione estrinseca. Essere motivati estrinsecamente significa fare qualcosa per la ricompensa che ne consegue, per il premio finale, o per evitare le conseguenze negative che possono derivare dal non portare a termine una certa azione. Per quanto queste forme di motivazione siano entrambe importanti, quella estrinseca comporta una forte dipendenza dall'esterno. Agire per una ricompensa esterna, per quanto possa essere incentivante, porta con sé un grosso rischio: se il premio, la ricompensa, viene a mancare, la persona smette di perseguire quell'obiettivo. Proviamo a vederlo nello sport: se un atleta si allena per migliorare la propria prestazione, perché è appassionato di questo sport, allora andrà avanti ad allenarsi con costanza e determinazione. Se invece lo stesso atleta si allena, ad esempio, per un riconoscimento economico, oppure per il suo allenatore, perché è stato il primo a credere in lui e vuole ripagarlo della fiducia, ecco che le cose cambiano. Naturalmente, finché tutto rimane com'è, la motivazione estrinseca è efficace, ma se le cose dovessero cambiare, se ad esempio venisse a mancare la fiducia nell'allenatore o l'atleta non percepisse più soldi, ecco che smetterebbe di allenarsi come prima. Ciò non significa che la motivazione estrinseca sia da evitare, ma è sempre meglio alimentare entrambe, facendo coesistere motivazioni a carattere estrinseco con motivazioni a carattere intrinseco. Gli stessi Deci e Ryan, nel 2000, sviluppano ulteriormente la distinzione tra le tipologie di motivazione, individuando un continuum che va dalla non-motivazione alla motivazione intrinseca, passando attraverso una motivazione di tipo introiettata (le persone introiettano gli obiettivi ma senza farli completamente propri), una di tipo identificata (gli obiettivi vengono accettati e acquisiscono un valore personale) ed una integrata (la motivazione è completamente integrata con il sistema valoriale ed i bisogni della persona). Tale distinzione mette ancora più in risalto la motivazione intrinseca, individuandola in quelle situazioni dove il "piacere di fare" è parte integrante dell'attività stessa.

È proprio sul concetto di motivazione intrinseca che Csikszentmihalyi (1990, 2014) teorizza la *flow experience* (esperienza di flusso). In seguito all'osservazione di pittori coinvolti nella realizzazione di opere d'arte abbandonate una volta terminate, Csikszentmihalyi ha riposto il proprio interesse in quel tipo di attività definite autoteliche, intraprese per il solo gusto di farlo. È così che viene teorizzato il *flow*, lo "stato di grazia", quello stato in cui siamo talmente coinvolti in ciò che stiamo facendo, da isolarci dal resto del mondo. Si parla di esperienza di flusso quando tutto va come deve andare, quando si è, come viene definito negli Stati Uniti, *in the bubble*, nella bolla.

Lo stesso autore definisce il *flow* come quello stato in cui le persone sono talmente coinvolte in un'attività che non sembra esserci nient'altro in grado di distogliere la loro attenzione. L'esperienza stessa è così tanto divertente che le persone lo faranno ad ogni costo, per il puro piacere di farlo (Csikszentmihalyi, 1990, 2014).

Per meglio definire questo stato ottimale, sono state individuate 9 dimensioni caratterizzanti:

- equilibrio tra *challenge* e *skills*, ossia l'equilibrio tra la percezione di difficoltà della sfida e le proprie abilità. Si può parlare di *flow* solo quando entrambe sono molto alte;
- unione di azione e coscienza: l'attività diventa quasi automatica, grazie al totale coinvolgimento che si ha in essa;
- obiettivi chiari: lo stato di *flow* è caratterizzato da una chiara consapevolezza dei propri obiettivi;
- *feedback* immediati. chi è in *flow*, ha una lucida comprensione riguardo l'andamento positivo di ciò che sta facendo;
- concentrazione: totale focalizzazione sul compito;
- senso di controllo: la percezione di controllo è assoluta;
- perdita dell'autoconsapevolezza: la normale percezione viene a modificarsi in uno stato di coscienza differente, spesso al di sotto della consapevolezza;
- destrutturazione del tempo: sebbene sia la dimensione più dubbio, sembra che spesso la percezione del tempo sia percepita come alterata (rallentata o accelerata);
- esperienza autotelica: chi è in *flow*, trae profonda gratificazione dall'azione in sé, la compie senza scopi ulteriori, per il gusto di farlo.

1.2. Potenziare la motivazione: obiettivi e goal setting

«Non esiste vento favorevole
per il marinaio che non sa dove andare»
Lucio Anneo Seneca

Si possono aumentare i livelli motivazionali di una persona? Per quanto esistano tecniche in grado di agire sulla motivazione, mai vi sarà una risposta chiara ed univoca, perché ogni persona è fatta in maniera diversa e, l'unico vero modo per poterla motivare, è conoscerla a fondo. Ad esempio, Michele può trarre motivazione dal sentirsi dire di essere qualche gradino sotto i suoi avversari e che potrà vincere solo se darà il famoso 110%, mentre Camilla avrà bisogno di sentirsi dire di essere la più forte, nettamente superiore agli avversari. Ora, poniamo il caso di non conoscere a fondo i due atleti e di motivarli in maniera inversa, diremo allora a Michele di essere il più forte e di non preoccuparsi ed a Camilla che per vincere sarà necessario fare una prestazione al di sopra delle proprie capacità. Che cosa otterremo? Probabilmente, un fallimento da parte di entrambi. Questo semplice esempio rende ben chiaro come ogni persona abbia la propria modalità di motivarsi e che una motivazione efficace non può prescindere da una conoscenza profonda di chi si ha di fronte.

Detto ciò, una tecnica di motivazione molto usata è il *goal setting*. Per poter parlare di questa tecnica, bisogna prima definire cosa si intende per obiettivo.

In letteratura, si definisce obiettivo uno specifico livello da raggiungere all'interno di un determinato lasso di tempo (Locke, & Latham, 1990). Nello sport, McClements (1982) ne distingue di tre tipi:

- obiettivi oggettivi generali: ad esempio vincere un campionato
- obiettivi oggettivi specifici: ad esempio migliorare la propria tecnica in un calcio di punizione nel calcio, ecc.
- obiettivi soggettivi: ad esempio migliorare, divertirsi, ecc.

Stark e colleghi (1988) analizza invece gli obiettivi sulla base dell'orientamento, distinguendo obiettivi di *performance* ed obiettivi di risultato. I primi *performance* hanno la peculiarità di dipendere solo ed unicamente da noi stessi. Un obiettivo di *performance* è infatti strettamente connesso alla prestazione, a ciò che io posso fare con le mie capacità. Un obiettivo di risultato, invece, coinvolge anche gli avversari, ciò che fanno loro. Migliorare il proprio tempo nei 400 metri è un obiettivo di *performance*, arrivare primo è un obiettivo di risultato, infatti posso benissimo migliorare il mio tempo e non arrivare primo.

Darsi obiettivi di *performance* è quindi il primo *step* necessario per una corretta definizione di questi, in quanto permettono di lavorare solo ed unicamente su se stessi. In un secondo momento, invece, è corretto passare all'individuazione di un obiettivo di risultato, ma questo deve essere sempre affiancato da uno di *performance*: paradossalmente, per vincere, bisogna dimenticarsi di voler vincere. Ciò significa che il focus deve essere sul processo, sul percorso necessario per fare bene, piuttosto che sul mero risultato. Stabilire obiettivi di *performance* è più efficace per la motivazione e l'effettivo loro raggiungimento (Nascimbene, 2002; 2011). Che cosa significa stabilire degli obiettivi? Per quanto possa sembrare semplice, definire un obiettivo è un processo complesso e delicato, senza il quale non si potrebbe ottenere nessun risultato. Bisogna quindi domandarsi come formulare un obiettivo in maniera corretta.

Nel 1994, Kiresuk e colleghi, definiscono l'acronimo SMART per identificare le caratteristiche necessarie, affinché un obiettivo sia formulato correttamente:

- *Specific*, obiettivi specifici;
- *Measurable*, obiettivi misurabili;
- *Action-oriented*, obiettivi orientati all'azione, che indichino cosa deve essere fatto (formulati positivamente);
- *Realistic*, obiettivi realistici e raggiungibili;
- *Timely*, obiettivi realizzabili in un periodo di tempo ragionevole.

In seguito, all'acronimo sono state aggiunte altre due lettere: E e R, così da formare la parola SMARTER (più intelligente). Gli obiettivi, quindi, oltre ad essere SMART devono essere *E-xciting* (emozionanti, stimolanti) e *R-egistered* (registrati, scritti).

Una volta in grado stabilire obiettivi che rispettino queste caratteristiche, si giunge alla vera e propria fase di *goal setting*, individuata da Burton, Naylor ed Holliday (2001) in 7 passaggi successivi:

1. stabilire una gerarchia di obiettivi a lungo ed a breve termine;
2. migliorare l'impegno profuso nel raggiungere gli obiettivi, ad esempio, attraverso la collaborazione con altre figure durante la scelta degli obiettivi, con ricompense esterne (come la vittoria di un campionato), scrivendo i propri obiettivi o ricevendo il supporto di altri;

3. valutare gli ostacoli. Spesso, non si tratta solo di ostacoli esterni ma anche di ostacoli interni, come uno scarso senso di autoefficacia o una consapevolezza inadeguata dei propri mezzi e delle proprie capacità;
4. definire un piano d'azione finalizzato al raggiungimento degli obiettivi;
5. monitorare costantemente lo stato di avanzamento;
6. valutare l'effettivo conseguimento dell'obiettivo;
7. rinforzare il conseguimento dell'obiettivo, attraverso più obiettivi a breve termine.

Nella definizione della gerarchia tra obiettivi a breve ed a lungo termine, è consigliabile individuare obiettivi basati sulla *performance* per quanto riguarda il breve termine, mentre gli obiettivi basati sul risultato sono più adatti al lungo termine (per esempio, nella gerarchia degli obiettivi di un calciatore, dovrebbe risultare prima l'ottenimento della condizione fisica e, successivamente, la vittoria del campionato).

1.3. Potenziare la motivazione: comunicazione e gestione dei pensieri

> «Il pessimismo non ha mai vinto una guerra»
> Dwight Eisenhower

Se parliamo di motivazione, non possiamo tralasciare l'importanza di due aspetti fondamentali: la comunicazione e la gestione dei pensieri.

Per quanto riguarda la prima, è importante essere consapevoli che comunichiamo costantemente. Comunicare, infatti, non significa solo utilizzare il canale verbale per emettere parole, ma è un processo decisamente più complesso. Senza volersi addentrare troppo nel mondo della psicologia della comunicazione, ci basti sapere che la comunicazione non verbale partecipa da protagonista alla costruzione del messaggio, soprattutto nello sport. Durante un allenamento, un allenatore in tuta ed uno in giacca e cravatta comunicano ai propri atleti due messaggi completamente differenti. Un allenatore lontano dal

23

campo, con le mani in tasca, sarà percepito come meno presente rispetto ad uno vicino ai propri atleti. La comunicazione non verbale ha un ruolo fondamentale nel motivare i propri atleti. Ogni canale della comunicazione non verbale, infatti, contribuisce costantemente al processo di motivazione. Pensiamo al tono di voce usato da un allenatore, o all'importanza del contatto corporeo e di certi gesti. Pensiamo ancora a quanto influisca la distanza tra le persone: un allenatore a circa 2 metri dai propri atleti ed uno a 5 metri sortirebbero gli stessi effetti sul gruppo? Provate a chiudere gli occhi ed a ricordare un discorso motivante che avete ricevuto. Riuscite? Probabilmente vi ricorderete determinate parole, il tono di voce, certi gesti (magari di contatto), la sua espressione sul viso. Probabilmente, vi ricordate anche come vi siete sentiti, come quel discorso vi abbia saputo motivare. Ecco! La comunicazione non verbale permette di trasmettere il messaggio con molta forza, aumentandone le probabilità di ricordo o, perfino, rendendolo indelebile nella nostra mente.

Ma veniamo alla gestione dei pensieri. Durante una qualsiasi attività, ognuno di noi pensa (in maniera più o meno automatica) e questi pensieri hanno un effetto diretto sulle nostre azioni, quello che ci diciamo (*self talk*) ricopre grande importanza su ciò che facciamo. Come portare tutto ciò a nostro vantaggio? Il *self talk* è una delle principali strategie che possiamo utilizzare per motivare noi stessi, bisogna però sapere come utilizzarla. Facciamo una prova immediata: concentratevi e non fate quello che vi sto per chiedere, è importante, assolutamente non pensate ad un gatto nero. Fatto? A cosa avete pensato? Immagino che la vostra mente abbia prima immaginato un gatto nero, per poi cercare di cancellarlo e mandare via quel pensiero. Ecco, dobbiamo imparare che la negazione è una costruzione culturale, che non appartiene alla nostra mente. Provate invece adesso a pensare ad un cavallo bianco. Immagino che ognuno di voi l'abbia visualizzato ed io ho ottenuto il mio obiettivo: non vi ho fatto pensare ad un gatto nero. Noi funzioniamo proprio così: per non pensare ad un gatto nero, dobbiamo trovare un'alternativa, anziché focalizzarci sulla sua negazione. È difficile perché si tratta di rivoluzionare completamente la nostra modalità di pensiero, ma è fondamentale se vogliamo essere in grado di motivarci. Proviamo a pensare a quante volte ci focalizziamo sul gesto da non compiere, su quella cosa da non fare, per poi terminare, immancabilmente, con il farla! Come quando, nel calcio, il portiere si ripete: "non ti buttare, non ti buttare" ma termina con il tuffarsi prima del dovuto, subendo, probabilmente, un gol che avrebbe potuto evitare. Ecco, quel portiere, avrebbe dovuto dirsi "resta in piedi, resta in piedi" e, molto più probabilmente, avrebbe ottenuto il risultato sperato, evitando il gol. Se, oltretutto, pensiamo che grazie alla scoperta dei neuroni specchio (Rizzolatti & Sinigaglia, 2006) siamo in grado di affermare che quando pensiamo ad un gesto o ad un'azione, la simuliamo a livello cerebrale, ecco che il *self talk* in positivo assume un ruolo ancora più importante. Se ci diciamo, per motivarci, «Non mollare», abbiamo ormai capito che stiamo in realtà immaginando l'opposto, il *mollare*. Grazie ai neuroni specchio sappiamo anche che stiamo simulando quell'atto, il *mollare*. Ecco allora che stiamo spingendo noi stessi a fare l'esatto opposto di ciò che avremmo voluto. Come risolvere tutto ciò? Bisogna riuscire a passare da una formulazione in negativo («Non mollare») ad una formulazione in positivo (ad esempio, «Tieni duro»). Ma non è finita qui. Questi sono pensieri negativi facili da individuare, abbastanza palesi ai nostri occhi, ma ce ne sono altri, ben più nascosti dietro false formulazioni positive. Due tipologie su tutti: il "devo" ed i falsi positivi. Partiamo dalla prima: «Devo tenere duro», «Devo farcela», «Devo arrivare fino a lì», ecc. sono frasi che spesso utilizziamo per motivarci e sono formulate positivamente, ma possono essere disfunzionali. Il "devo", infatti, risulta come un'imposizione, un obbligo, una decisione che non appartiene a noi in toto. Per ricollegarci alle teorie sulla motivazione, il "devo" riguarda una motivazione di tipo estrinseco, imposto dall'esterno. Sostituire il verbo devo con "posso/voglio", cambia notevolmente le cose. Posso o voglio aprono a due concetti. Si tratta di motivazione intrinseca, innanzitutto. Volere una cosa significa desiderarla in prima persona, non secondo l'imposizione di qualcun altro. Potere va a lavorare sul senso di autoefficacia. Se posso fare una cosa, vuol dire che ne sono capace e, se ne sono capace, mi impegnerò di più, sarò quindi più motivato nel raggiungere il mio obiettivo.

I falsi positivi, invece, sono tutte quelle costruzioni che non contengono negazioni, ma sono disfunzionali per la motivazione. La frase «Dai che è quasi finita», ad esempio, è formulata positivamente, ma ci porta a focalizzarci sulla fine. Cosa succede alla fine di una competizione? Ci lasciamo andare, i muscoli si rilassano, tiriamo un sospiro di sollievo, pensiamo ad altro, perché la competizione è finita. Se però ci focalizziamo su questa situazione, mentre siamo ancora in competizione, ecco che le conseguenze possono essere spiacevoli. Dobbiamo quindi essere capaci di orientare il nostro pensiero al positivo ed al qui ed ora, focalizzandoci sempre su ciò che vogliamo e come possiamo fare per ottenerlo. Un *self talk* ottimale può avere effetti importanti sulla motivazione e, di conseguenza, sui risultati ottenuti.

Che cos'è quindi la motivazione? Potremmo dire che è la spinta a fare, ad attivarsi, ad andare oltre. Abbiamo visto che può nascere da noi stessi o dall'esterno, ma che la motivazione estrinseca è fortemente dipendente da fattori fuori dal nostro controllo, rendendola instabile e debole. Per mantenerla ci sono molte tecniche, tra cui il *goal setting* od il *self talk*, ma è importante ricordarsi che ognuno di noi ha il proprio modo di motivarsi e che solo una conoscenza approfondita permette di motivare efficacemente i propri atleti, o se stessi.

2. SPORT, SALUTE E BENESSERE
Maria Chiara Crippa e Caterina Simoncelli

> *«Fare sport è...il respiro che mi dona l'ossigeno per vivere una vita speciale lontano dal grigio del quotidiano. Fare sport penso sia proprio questo: la possibilità di vivere il momento senza il peso del passato e l'incognita del futuro»*
> Ausilia Vistarini, ciclista su lunghe distanze

«Fare sport è farsi del bene, è aiutare mente e corpo a stare in equilibrio».

«Fare sport è stare bene con se stessi e con gli altri».

«Fare sport è vivere, volare, respirare ed essere libero».

Le frasi sopra riportate rappresentano una citazione delle risposte di un gruppo di atleti alla domanda: «Fare sport è…?» (Cantoia, Crippa, Simoncelli & Vagli, 2015).

Il "fare sport" assume le connotazioni dello stare bene in termini fisici e relazionali, fino a raggiungere espressioni più astratte come vivere, respirare, o addirittura volare. Lo sport ha a che fare con un benessere del tutto particolare che sgorga dalla fatica, dalla sofferenza, dalla lotta personale, dal raggiungimento dei propri obiettivi, dalla soddisfazione di aver dato il meglio di sé e molto altro.

Perché alcune persone non vedono l'ora di fare sport per stare bene, mentre altre trovano la pace dei sensi su un comodo divano? Perché lo sport è fonte di benessere? Quali benefici ricavano la mente e il corpo dalla pratica sportiva?

2.1. Alcune definizioni, per fare chiarezza

Prima di addentrarci nel tema del benessere legato alla pratica sportiva, occorre fare chiarezza sul significato di alcuni termini per una comprensione adeguata dei contenuti del presente capitolo. In Tabella 2.1 vengono riportate alcune definizione base.

Tabella 2.1 – Definizioni

Attività fisica
Per attività fisica si intende «qualsiasi movimento che implica un dispendio energetico» (Caspersen, Powell & Christenson, 1985, p. 126). Secondo questa definizione, si è fisicamente attivi quando si lavora, si è impegnati con le faccende domestiche, si gioca, si cammina o si va in bicicletta. All'interno dell'attività fisica rientrano perciò anche l'esercizio fisico e lo sport.

Esercizio fisico
L'esercizio fisico è una sottocategoria dell'attività fisica che consiste in un insieme di movimenti ripetitivi, strutturati, programmati e finalizzati al miglioramento della forma fisica e della salute nelle sue componenti aerobiche, anaerobiche, coordinative, muscolari, ecc. (Caspersen, Powell & Christenson, 1985). Secondo questa definizione, si fa esercizio fisico, ad esempio, quando si va in bici, si cammina a ritmo sostenuto o si va in palestra.

Salute
S'intende «uno stato di completo benessere fisico, sociale e mentale, e non soltanto l'assenza di malattia o di infermità. La salute è una risorsa che permette alle persone di condurre una vita produttiva sul piano individuale, sociale ed economico» (OMS, 1998, p. 1). Questa definizione di salute sancisce un cambiamento radicale nel concetto stesso e nelle sue implicazioni pratiche, passando da un modello biomedico, in cui la persona viene etichettata come soggetto malato che

risponde passivamente a delle cure imposte, a un modello bio-psico-sociale che considera l'individuo come un sistema complesso ed integrato in grado di assumersi le responsabilità della propria salute e attivarsi al fine di tutelarla. L'Organizzazione Mondiale della Sanità (OMS, 1998) ha sottolineato l'importanza del concetto di promozione della salute riconoscendo il ruolo proattivo della persona nell'assumere sempre maggiore controllo sulla propria salute, intesa come componente essenziale della vita quotidiana. In questo contesto l'attività sportiva acquisisce particolare rilevanza, in quanto strumento funzionale a garantire il benessere non solo fisico ma anche mentale.

Sport
Quando si parla di sport si fa riferimento a tutte quelle attività, individuali e collettive, che coinvolgono le capacità fisiche e mentali dell'individuo all'interno di un contesto competitivo e strutturato da regole. A differenza dell'esercizio fisico e dell'attività fisica, lo sport si caratterizza per l'aspetto agonistico, la presenza di un sistema ben preciso di regole che definiscono la sua pratica e un intenso coinvolgimento del corpo all'interno di appositi spazi (Nascimbene, 2002).

Arriviamo al benessere. Il termine ben-essere significa letteralmente "stare bene" e si riferisce a un costrutto complesso che coinvolge diversi aspetti dell'essere umano e che non è riconducibile unicamente a una situazione di assenza di malattia. Ad oggi, tra gli studiosi, vi è ancora una generale mancanza di accordo sulla definizione di benessere. C'è chi lo fa coincidere con la felicità intesa sia come appagamento in aree specifiche della vita (lavoro, matrimonio, tempo libero) sia come prevalenza di emozioni positive (Argyle, 1987; Kahneman, Diener & Schwarz, 1999); c'è chi, come Waterman (1993) e Ryff e Keyes (1995), considera il benessere qualcosa più della felicità, ovvero la realizzazione delle potenzialità umane e il raggiungimento della piena espressione delle proprie abilità e risorse nei diversi ambiti di vita. Altri studiosi sostengono invece che il benessere non coincida solo ed unicamente con il possesso di beni materiali, con il reddito, lo status sociale e la condizione di salute che, pur incidendo su di esso, non riescono a spiegare le ragioni dello stare bene o male di una persona (Veenhoven, 1991; 2013). Il benessere è un qualcosa di più ed è definito individualmente sulla base delle valutazioni che ciascuna persona fa del proprio stato di salute, della propria condizione lavorativa, dei risultati che ottiene, delle soddisfazioni nei diversi ambiti di vita. È l'interpretazione che la persona fornisce alle diverse situazioni e accadimenti che influenza direttamente lo stato di benessere. Rispetto alla pratica sportiva, il benessere che da essa scaturisce deriva dalla valutazione cognitiva che il soggetto fa della stessa, che a sua volta è influenzata da credenze personali, esperienze passate, caratteristiche di personalità, ecc. Il benessere è altresì un concetto multidimensionale, si parla infatti di benessere fisico, psicologico, sociale. Il primo si riferisce a un sistema corporeo che sta bene e funziona, quindi a tutte le dimensioni del fitness cardiovascolare, tonicità muscolare, composizione corporea, flessibilità, coordinazione; il secondo va inteso come funzionamento psicologico ottimale che, secondo Ryff e Singer, costituisce «il tentativo di raggiungere l'ottimizzazione, mediante la realizzazione delle proprie potenzialità» (1998, 2000). Nel presente capitolo ci focalizzeremo sul benessere fisico e su quello psicologico.

Sulla base di queste definizioni di benessere è ora possibile rispondere alla domanda iniziale «Perché alcune persone non vedono l'ora di fare sport per stare bene, mentre altre trovano la pace dei sensi su un comodo divano?». La risposta sta proprio nella dimensione soggettiva del benessere.

2.2. Attività fisica e benessere fisico

A prescindere dalla dimensione soggettiva che spiega come mai certe persone trovino il benessere in un tipo di attività, ad esempio nella lettura di un libro, piuttosto che in altre, come lo sport, l'Organizzazione Mondiale della Sanità ha lanciato un allarme: l'inattività fisica è il quarto fattore di mortalità nel Mondo, dopo la pressione sanguigna, il consumo di tabacco e al pari dell'iperglicemia (Ministero della Salute, 2014). A livello globale, 3,2 milioni di persone muoiono ogni anno a causa dell'inattività fisica, un fattore di rischio fondamentale per le malattie non trasmissibili (patologie cardiovascolari, tumori e diabete). Si pensi che le persone inattive hanno un rischio di mortalità superiore del 20-30% rispetto a chi svolge almeno mezz'ora di attività fisica di intensità moderata al giorno; nello specifico, l'inattività causa il 21-25% dei tumori della mammella e del colon, il 27% dei casi di diabete e il 30% delle malattie cardiache ischemiche.

Cambiando prospettiva e assumendone una positiva, appare evidente come l'attività fisica possa essere una medicina eccellente per la salute e la longevità. È stato infatti dimostrato come la partecipazione a regolare attività fisica promuova il fitness cardiovascolare e muscolare, la salute ossea e funzionale, le funzioni cognitive, riduca il rischio di malattia coronarica e di ictus, diabete, sindromi metaboliche, ipertensione, cancro del colon, cancro al seno e depressione (Lee *et al.*, 2012; Ekelund *et al.*, 2015).

L'Organizzazione Mondiale della Sanità, a fronte di questa situazione, ha definito perciò delle linee guida e raccomandazioni globali a cui attenersi che determinino l'intensità, la durata, la frequenza e il tipo di attività fisica per prevenire l'insorgenza di malattie. Ovviamente queste linee guida sono applicabili a tutte le persone ad eccezione di coloro che si trovano in particolari condizioni (gravidanza, post parto, problemi cardiaci, ecc.) per le quali è necessario un parere medico prima di seguire alla lettera le indicazioni sotto riportate.

Per poter comprendere le raccomandazioni è necessario prima fare chiarezza su due termini legati all'intensità dell'attività fisica. Per moderata intensità si intende quell'attività fisica che viene condotta a circa il 50-60% delle proprie potenzialità, mentre per vigorosa si intende un'attività motoria svolta a un 70-80% della propria capacità massima.

Le raccomandazioni si rivolgono a tre target differenti: 5-17 anni, 18-64 anni e oltre i 65 anni.

2.2.1. Dai 5 ai 17 anni

L'attività fisica per questo target include il gioco, lo sport, le attività ricreative, il trasporto attivo, le attività di educazione fisica sperimentate nel contesto scolastico, familiare e comunitario. L'OMS (2010) suggerisce almeno 60 minuti di attività fisica quotidiana di intensità da moderata a vigorosa. Per attività di moderata intensità si considerino il giocare a calcio o a pallavolo, mentre l'attività vigorosa può essere la corsa o il salto alla corda prolungato.

La maggior parte di queste attività deve essere di tipo aerobico (correre, saltare, andare in bici, ecc.), mentre quelle che rinforzano i muscoli e rafforzano la salute delle ossa (nuoto, basket, salto alla corda prolungato, ecc.) dovrebbero essere incluse almeno tre volte alla settimana. Ciò che è importante è coinvolgere i giovani in attività fisiche che siano adeguate alla loro età, divertenti e variegate.

Queste raccomandazioni devono essere soddisfatte non solo tramite lo sport ma anche, e soprattutto, attraverso le attività di gioco non strutturate che caratterizzano la vita di ogni bambino e ragazzo. Nella naturale attività di gioco essi infatti si cimentano in una serie di movimenti aerobici, di tonificazione muscolare e di rafforzamento osseo, come correre, saltare, rotolarsi che promuovono lo sviluppo dello schema corporeo e dei pattern di movimento.

2.2.2. Dai 18 ai 64 anni

Numerose ricerche (Bijnen *et al.*, 1999; Wen *et al.*, 2011) hanno evidenziato come, rispetto ad adulti inattivi o poco attivi, uomini e donne che praticano regolare attività fisica presentino valori molto più bassi in tutti le principali cause di mortalità: malattie coronariche, pressione alta, infarto, sindromi metaboliche, cancro al colon e al seno, depressione. Ulteriori evidenze (Biddle, Fox & Boutcher, 2000; Lee & Skerritt, 2001) dimostrano come adulti attivi si caratterizzino per migliori livelli di fitness cardiovascolare e muscolare, una composizione corporea adeguata e più salutare e una serie di indicatori che predicono un minor livello di rischio nell'incorrere in malattie cardiovascolari e diabete di tipo 2.

L'attività fisica in questa fascia di età include non solo lo sport, ma anche le attività dinamiche che implicano il movimento che si possono svolgere nei diversi contesti di vita: tempo libero, vita familiare e sociale, lavoro, ecc.

Al fine di ottenere i benefici sopra descritti dall'attività fisica, l'OMS (2010) fornisce le seguenti raccomandazioni:

- almeno 150 minuti di attività fisica di moderata intensità o 75 minuti di attività fisica ad alta intensità alla settimana o, ancora, una combinazione equivalente di moderata e vigorosa attività alla settimana;
- l'attività aerobica deve essere svolta in sessioni di almeno 10 minuti;
- per ottenere ulteriori benefici alla salute, gli adulti possono incrementare l'attività fisica settimanale a 300 minuti di esercizio di moderata intensità o 150 minuti di esercizio ad alta intensità;
- l'attività di potenziamento muscolare dovrebbe essere svolta per due o più giorni la settimana.

2.2.3. Oltre i 65 anni

La popolazione anziana risulta essere quella meno attiva e forti discrepanze in termini di salute fisica emergono tra coloro che praticano e non praticano attività motoria. I benefici dello svolgimento di regolare attività fisica in questa fascia di età sono affini a quelli della precedente. Nell'anziano, in particolare, l'attività motoria riduce sensibilmente il rischio di limitazioni funzionali e di cadute per una percentuale pari a circa il 30%. (Paterson, Jones & Rice, 2007; Paterson & Warburton, 2009)

L'OMS (2010) raccomanda quindi per gli anziani i seguenti obiettivi di attività fisica settimanali:

- almeno 150 minuti di attività fisica di moderata intensità o almeno 75 minuti di attività fisica di vigorosa intensità o una combinazione equivalente delle due;
- l'attività aerobica deve essere svolta in sessioni di almeno 10 minuti;
- per ottenere ulteriori benefici sulla salute, gli anziani possono incrementare l'attività fisica settimanale fino a

300 minuti di esercizio di moderata intensità o 150 minuti di esercizio ad alta intensità;
- per prevenire il rischio di cadute, è opportuno svolgere esercizi di equilibrio e di potenziamento muscolare moderato per almeno 3 volte alla settimana;
- quando persone di questa fascia di età non possono perseguire le seguenti quantità di esercizio fisico raccomandato è consigliabile che cerchino di fare una quantità minima di attività motoria per quanto gli è consentito.

Concludendo, molte evidenze scientifiche hanno dimostrato gli effetti negativi della sedentarietà sulla salute. L'Organizzazione Mondiale della Sanità ormai da anni invita tutte le Nazioni ad attivarsi in politiche di promozione della salute attraverso la tutela e la diffusione dell'attività fisica in tutte le età. Queste «strategie di promozione dell'attività fisica, quindi, richiedono interventi integrati che includano non solo i servizi per il tempo libero e lo sport, ma anche la pianificazione dei trasporti, il controllo del traffico, la progettazione di edifici e ambienti urbani che favoriscono uno stile di vita attivo e le attività di informazione sul territorio› (TANGOS, 2012).

2.2.4. La situazione della pratica sportiva in Italia
I dati riportati di seguito fanno riferimento all'indagine multiscopo sulle famiglie "Aspetti della vita quotidiana" pubblicati dall'ISTAT nel 2016 i cui dati però fanno riferimento alla situazione dell'attività sportiva in Italia nell'anno 2015.
In Italia, le persone dai 3 anni in su che dichiarano di praticare uno o più sport sono il 33,3% (pari a 19 milioni e 600 mila persone), mentre sono fisicamente "attivi" il 26,5%, cioè coloro che, ad esempio, fanno passeggiate o vanno in bicicletta al lavoro; sono invece inattivi, ossia non praticano alcuna attività fisica, il 39,9% degli italiani. L'indagine evidenzia che a partire dal 2013 vi è stato un incremento pari a 2,7 punti percentuali di praticanti sportivi. I dati mostrano come lo sport sia praticato in misura maggiore dai giovanissimi e giovani: tra i 6 e i 10 anni e tra gli 11 e i 17 anni, il 70% dei ragazzi pratica sport, mentre tra le femmine, le quote più alte di sportive si registrano tra i 6 e i

14 anni. In generale, i maschi si caratterizzano per una maggiore propensione alla pratica sportiva rispetto alle femmine (37,4% contro 22,8%). Tale dato è confermato in tutte le fasce d'età ad eccezione di quella tra i 3 e i 5 anni, dove le bambine che praticano sport superano i coetanei maschi di 4,2 punti percentuali. Al contrario, nell'età tra i 18 e i 19 anni, si assiste a un netto divario poiché sono i maschi a praticare molto più sport rispetto alle femmine. Questi dati sul *drop out* femminile sono confermati anche da recenti studi (si veda ad esempio Cantoia, Crippa, Simoncelli e Vagli, 2015).

L'analisi territoriale, mostra una maggior propensione alla pratica sportiva nelle Regioni del Nord-Est (30,5%) rispetto a quelle del Sud, dove le persone che fanno sport con continuità sono il 17,5%. In generale tra il 2013 e il 2016 si è registrato un aumento della pratica sportiva sia nel Meridione (incremento pari al 2,3 punti percentuali) che nelle Regioni del Nord-Ovest (incremento del 5,1%).

In generale i dati ISTAT (2016) registrano un aumento della pratica sportiva in Italia e il trend sembrerebbe in continua crescita.

2.3. Attività fisica e benessere psicologico

Lo sport e l'attività fisica hanno un notevole impatto sulla salute fisica delle persone, ma non solo, essi infatti generano particolari benefici anche sul piano psicologico.

Il benessere psicologico è composto da diverse dimensioni che tendono all'autorealizzazione del soggetto. Ryff e Singer (2008) hanno individuato sei dimensioni che compongono il benessere: l'autonomia, avere buoni legami, l'accettazione di sé, avere uno scopo nella vita, la padronanza ambientale e la crescita personale. Da queste sei dimensioni si può comprendere come sia importante avere il controllo del proprio corpo e prendersene cura per migliorare il benessere psicologico, per sentirsi a posto con se stessi.

Nel 1992 la Società Internazionale di Psicologia dello Sport ha sostenuto e accolto la dichiarazione dell'Istituto Americano

Nazionale di Salute Mentale (International Society of Sport Psychology, 1992) che descriveva la relazione esistente tra la regolare attività fisica e il benessere psicologico. In particolare, i dati erano riferiti all'influenza dell'esercizio fisico sui disturbi psicologici come la depressione, l'ansia e lo stress sia in persone mentalmente sane, sia nella popolazione psichiatrica.

Uno studio sulla popolazione finlandese del 2000, condotto su tremila partecipanti ha indagato, attraverso questionari self-report, come l'attività fisica influenzi molteplici fattori psicologici (Hassmen *et al.*, 2000). I dati indicano che chi fa molta attività fisica riporta meno vissuti depressivi, meno repressione della rabbia e meno percezione dello stress. Inoltre, chi pratica sport con frequenza sembra avere un forte senso di coerenza e una forte sensazione d'integrazione sociale, rispetto alla popolazione inattiva. I punteggi sulla scala della depressione erano correlati alla pratica di sport inferiore alle due o tre volte al mese.

Dal punto di vista della salute mentale, una regolare ma non quotidiana, attività fisica è associata a punteggi più bassi nella scala della depressione. Mentre in un'attività fisica consistente e quotidiana, spesso associata agli sport competitivi, gli aspetti della salute mentale diventano secondari per gli individui rispetto alla performance.

Interessante notare che in base ai risultati di questo studio, l'esercizio fisico risulta influenzare anche la percezione della fortuna: se una persona svolge una regolare attività fisica è consapevole di influenzare il proprio stato di salute e di mantenere il fisico in forma, quindi è meno propensa a pensare che ci si possa ammalare solamente in base a fattori non dipendenti da sé, come nel caso della fortuna, e più propensa ad aumentare, invece, il senso di responsabilità.

Il senso di coerenza porta le persone a considerare la vita come qualcosa di comprensibile, gestibile e molto significativo e, di conseguenza, ad essere capaci di sopportare e gestire lo stress e mantenere più a lungo la salute (Antonovsky, 1987).

2.3.1. *Attività fisica e salute mentale*
I pazienti ai quali è stata diagnosticata una depressione,

tipicamente hanno una vita sedentaria e riducono il lavoro fisico rispetto alla popolazione generale (Martinsen, 1990). In uno studio di Dimeo e colleghi (2001) si è visto che se tali pazienti camminavano 30 minuti al giorno per dieci giorni consecutivi registravano una riduzione statisticamente significativa nella depressione. Lo stesso risultato è confermato sia in uno studio di Knubben e colleghi (2007) in cui i pazienti del gruppo con attività fisica, hanno avuto una diminuzione della depressione, sia in uno studio di Blumenthal e colleghi (2007) in cui i pazienti con depressione che seguivano un training di esercizio aerobico domiciliare o in gruppo hanno sperimentano una riduzione della depressione comparabile agli effetti del trattamento farmacologico.

Studi che hanno coinvolto sia pazienti psichiatrici, sia la popolazione sana e soggetti che soffrono di stress lavoro-correlato hanno dimostrato che bastano esercizi dalla durata di 5 minuti per indurre effetti ansiolitici; l'effetto aumenta con programmi di allenamento che si prolungano per 10-15 settimane (McAuley et al., 1996).

C'è ampia letteratura di ricerca anche rispetto gli effetti dell'attività fisica nel caso di soggetti sotto stress, ad esempio, si è visto che l'esecuzione di esercizi aerobici per almeno 21 minuti al giorno migliora la risposta allo stress e, in particolare, allo stress dovuto allo stile di vita o al lavoro (Scully et al., 1998).

2.3.2. Attività fisica e umore

L'umore è diverso da un'emozione o dall'affetto che una persona può provare, è uno stato affettivo diffuso che non risulta essere provocato da nessun specifico ed è associato a una visione più generale della vita. L'umore può essere definito come un assetto globale dello stato affettivo che si prova ogni giorno e può durare ore, giorni, settimane o mesi (Oatley & Jenkins, 1996).

L'attività fisica migliora l'umore. In uno studio di Buchman e colleghi (1991) è stata indagata la relazione tra l'esercizio fisico e l'espressione della rabbia negli adulti. Il risultato più importante riguarda l'associazione negativa tra la repressione della rabbia e l'attività fisica: chi fa attività fisica sperimenta una riduzione della rabbia che va a influire positivamente sull'umore generale. Considerando che la rabbia e l'ostilità sono sotto-componenti della personalità di Tipo A, cioè persone che hanno una maggiore probabilità di incorrere in problemi cardiaci, la riduzione della rabbia ha un effetto benefico anche sul fisico oltre che sulla mente e sull'umore.

Tuttavia, non ogni tipologia di attività fisica ha sempre effetti benefici sull'umore e sul benessere psicologico. Ekkekakis e colleghi (2004) hanno effettuato una serie di studi con l'obiettivo di indagare il legame tra l'esercizio fisico, la sua intensità e l'umore. La procedura prevedeva di misurare lo stato affettivo di 30 partecipanti giovani e in salute tra i 20 e i 30 anni, prima e dopo l'attività e durante esercizi d'intensità diversa. I risultati indicano che i sentimenti di piacere diminuivano al raggiungimento della soglia anaerobica, che è stata quindi assunta come indicatore per auto-monitorarsi durante l'attività fisica, in modo da mantenere i sentimenti di benessere e non andare a intaccare la motivazione alla pratica sportiva.

2.3.3. Attività fisica e autostima

Alcune ricerche internazionali hanno mostrato che le persone con bassa autostima di partenza traggono benefici maggiori dall'attività fisica e che l'attività aerobica influenza positivamente l'autostima dei bambini, in particolare nel caso della competenza percepita nello sport, della condizione fisica e dell'accettazione del proprio corpo (Sonstroem, 1984).

Una rassegna di letteratura ha verificato che dal 1970 al 2000 sono stati realizzati più di trenta studi sulla relazione tra attività fisica e autostima (Fox, 2000): nel 76% dei casi questi studi riportavano cambiamenti positivi nell'auto-percezione fisica e nell'autostima.

2.3.4. Attività fisica e funzioni cognitive

Kirkendall (1986) afferma che c'è una modesta relazione positiva tra l'attività fisica e la performance intellettiva nei bambini e questa relazione è molto forte nei primi stadi dello sviluppo. Quindi più sono piccoli i bambini, in età prescolastica o scolastica, più giovano a livello intellettuale dell'attività fisica.

Non a caso, fin dalla prima infanzia si propongono ai bambini attività di Psicomotricità che consentono di sviluppare le capacità motorie di base.

Per quanto riguarda gli anziani invece, la meta-analisi su 18 studi di Colcombe e Kramer (2003) ha messo in luce come l'attività fisica influenzi diverse tipologie di capacità mentali, in primis l'esecuzione di compiti di controllo in cui sono coinvolti la memoria di lavoro e la coordinazione, poi i compiti visuo-spaziali e infine i compiti di velocità di reazione.

Sulla scorta anche di una letteratura di ricerca che conferma come l'attività fisica induca numerosi effetti positivi sia sul benessere fisico, sia su quello psicologico della persona, l'Organizzazione Mondiale della Sanità nel 1964 ha ridefinito il concetto di salute non solo da un punto di vista di assenza/presenza di malattia, ma anche da un punto di vista più soggettivo e globale, come benessere percepito e qualità della vita.

Quale meccanismo si attiva durante l'attività fisica per produrre questi cambiamenti a livello psicologico e di benessere? È stata ipotizzata l'attivazione di sistemi biochimici e fisiologici che sarebbero responsabili dei cambiamenti e dei miglioramenti a livello psicologico: ad esempio, l'ipotesi termogenica (Koltyn, 1997) attribuisce i cambiamenti prodotti dall'attività fisica all'aumento della temperatura corporea; l'ipotesi dell'aumento della produzione delle endorfine durante l'attività fisica (Hoffmann, 1997), o l'ipotesi di cambiamenti nei livelli di serotonina, sempre in occasione dell'attività fisica (Chaouloff, 1997).

3. SPORT, EDUCAZIONE, MOTIVAZIONE. NOTE DI PEDAGOGIA
Michele Aglieri

In un saggio che potrebbe sembrare datato ma – a conti fatti – ancora estremamente attuale (i primi anni Novanta, un'epoca dunque già "postmoderna" nei suoi tratti caratteristici), Cesare Scurati individuava tre descrittori (o "termini di inquadramento") per una lettura critica dello sport in chiave formativa. Secondo il pedagogista milanese lo sport sarebbe allora:

- un "aspetto della cultura", "prodotto umano ed espressione di un'idea di umanità" disponibile a tutti ma, allo stesso tempo, soggetto alle mode e alle logiche della globalizzazione che ne metterebbero a rischio l'autonomia e la dimensione di senso interno;
- un "fenomeno economico-produttivo" che vive sostanzialmente – e spesso anche nelle sue espressioni non professionistiche – grazie alle sponsorizzazioni che condurrebbero a pericolose cadute sul piano morale;
- una "dimensione etico-valoriale", "stile di vita" se non addirittura terreno in cui trovare una "vocazione pedagogica" conteso fra logiche di natura diversa (dallo sport "visto" a quello "agito", dallo sport "amatoriale" a quello "professionistico", dallo sport "competitivo" a quello "non competitivo") di cui trovare una sintesi appare sempre più difficile (Scurati, 1991, pp. 391-394).

Lo scritto appena sintetizzato si colloca nel pieno sviluppo di alcuni processi: l'iper-professionalizzazione (che ha contaminato anche i contesti giovanili, con il pericolo di anticipare e accelerare pericolosamente i percorsi di crescita), la scientifizzazione (si pensi alla rappresentazione odierna dell'atleta come "prodotto di laboratorio"), l'omologazione mediatica (basti ricordare la pervasività, nel nostro Paese, del "prodotto" calcio), che oggi appaiono giunti ad un approdo ben definito. Ad essere a rischio, allora, sarebbero lo sport inteso come contesto di gestione autonoma di giochi istituzionalizzati, ciascuno con i propri saldi riferimenti culturali e antropologici (si pensi, solo per fare un esempio, a quanti regolamenti sportivi, negli ultimi trent'anni, sono cambiati in virtù dell'asservimento a logiche e tempi televisivi), come luogo 'sano' di formazione integrale della persona (perché continuiamo a ripeterci che lo sport è luogo di alti valori quando la cronaca ci restituisce costantemente episodi di violenza, compravendita di risultati e doping?) e, infine, come luogo in cui incontrare figure educative di riferimento e buoni esempi di vita (si pensi a quanto spesso oggi i giovani di talento vangano "usati" da figure manageriali spregiudicate con ben poco interesse per la loro formazione, o a quanto para-professionismo si possa osservare perfino nei contesti dilettantistici o oratoriani). Ne è consapevole e preoccupata testimonianza, per esempio, il *Manifesto dello sport educativo* pubblicato dalla Conferenza Episcopale Italiana, dove leggiamo che lo sport non deve «essere asservito alle logiche del mercato e della finanza, basato sull'arroganza dei "cattivi maestri"» (CEI, 2012).

Di fronte a tante buone dichiarazioni di intenti ("I bambini e i ragazzi che fanno sport crescono e maturano come persone"), insomma, lo sport dei giovani sembra vivere un'era di crisi o – al minimo – di pericolosi passi falsi. Si tenga presente che lo sport è un contesto in cui si addensano quelli che Emanuele Isidori definisce "valori ambigui": la competizione, il benessere, il corpo allenato sono valori che trovano una loro definizione buona in un contesto attento alle dimensioni umana e formativa della persona che anticipi in termini positivi i vari compiti della vita, ma possono diventare valori negativi qualora, ad esempio, vengano vissuti nel segno della sopraffazione del prossimo, della vittoria a tutti i costi, del doping, dell'artificializzazione corporea (Isidori, 2009). È bene allora tentare una ricomposizione – a cui questo contributo darà solo qualche stimolo – in chiave pedagogica e dotarsi di qualche punto di attenzione. Come pensare l'educazione nello sport?

3.1. Sport e educazione: una bussola concettuale

Una delle affermazioni meno discusse all'incrocio fra "educazione" e "sport" è che lo sport sia "educativo". Da un certo punto di vista ciò è senz'altro vero: se prendiamo in considerazione una certa accezione, descrittiva o sociologica, del termine educazione, lo sport non può non educare, poiché qualsiasi esperienza sportiva modella o coltiva le conoscenze di una persona, i suoi comportamenti e il suo orizzonte di valori. Tutti noi "cambiamo" grazie alla pratica sportiva, come, se ci pensiamo, tutti noi cambiamo in virtù di una qualsiasi esperienza della vita, ma questo non significa che un certo vissuto ci faccia sempre o sicuramente del bene.

Da un punto di vista pedagogico riteniamo allora che sia importante:

- capire se una certa esperienza sportiva modifichi la persona nel senso della sua crescita sociale e morale, e se la stessa esperienza dia contributi rilevanti all'autonomia del bambino o del ragazzo;
- riflettere sui ruoli di mediazione adulta (l'allenatore e il genitore per primi) come figure di intenzionalità educativa e di costante attenzione per la crescita dello sportivo.

Di che cosa parliamo allora quando utilizziamo la dizione "sport educativo"? Ci stiamo riferendo a ogni possibile esperienza nel campo della pratica sportiva? Alla possibilità che un giovane trovi nello sport un luogo dove crescere, emanciparsi e magari incontrare delle figure di riferimento (dal compagno di squadra più anziano all'allenatore carismatico)? Oppure soltanto a quei mondi sportivi abitati da progetti educativi e da figure di riferimento preparate a educare (professioniste e non)? Da un punto di vista pedagogico la terza eventualità definisce propriamente il termine.

In quanti modi, secondo la prospettiva data, lo sport può educare?

Prendiamo in prestito, non senza qualche forzatura (è bene dirlo) una tripartizione introdotta da Peter Arnold (Arnold, 2002, pp. 153-161) riguardo agli incroci fra educazione e movimento. Per analogia, un'esperienza può educare l'uomo:

- *allo sport*. Tutto ciò che ci aiuta a definire lo sport (o uno sport particolare) sia in termini tecnici sia in termini di requisiti umani e morali rientra in questa espressione. Lo sport può essere l'oggetto di apprendimento di un'esperienza spontanea anche extra-sportiva (quante persone oggi conoscono uno sport per averlo guardato semplicemente in tv o perché gli amici ne hanno parlato al bar?) o di un percorso intenzionale (quanti allenatori trasmettono, insieme alla passione, anche la cultura sportiva agli atleti, o quante occasioni di informazione sullo sport si possono incontrare?). In termini pedagogici, è importante operare intenzionalmente perché lo sport venga veicolato in una sua forma 'pulita', avulsa dalle deformazioni dell'illegalità, della violenza e dell'omologazione culturale;
- *attraverso lo sport*. La pratica sportiva è il luogo dove avviene un percorso di cambiamento in cui si riscontrano anche esiti formativi esterni allo sport, o quantomeno di confine. La competizione, la collaborazione, il senso del limite, la comunicazione sono dimensioni che nello sport si forgiano. Lo sport può essere anche il contesto in cui, fuori da logiche di tipo curricolare, apprendere concetti, abilità e strumenti utili per la vita. L'attenzione educativa va sempre nella direzione di coltivare in forma umanamente responsabile questi aspetti;
- *nello sport*. Lo sport in definitiva è un contesto (che sia vissuto in presenza o mediato da tv, internet e giornali) in cui qualcosa sicuramente "accade", tirocinio e specchio della vita che, fuori da facili preconcetti intellettualisti, non può essere ignorato al pari di molte altre esperienze (famiglia, scuola, università, lavoro, ecc.).

3.2. Gli educatori nello sport

Ad una prima analisi, due sarebbero le domande da porre: chi educa allo sport? e, per altro verso, chi dovrebbe educare allo sport?

Si tratta in sostanza di chiedersi quali soggetti abbiano una effettiva influenza sui comportamenti e sulle letture del mondo sportivo dei giovani e quali si possa ritenere debbano – secondo una validazione pedagogica – prendere in carico questo compito. In una direzione meno manichea, la questione ha a che vedere con una necessaria definizione dei criteri secondo cui le varie – tutte le – figure di riferimento dello sport possano sposare una logica di tutela umana e di sguardo sano alla crescita dei ragazzi. Seguiamo ancora Scurati, il quale in un altro contributo ricorda che «è evidente che l'adulto significativo (genitore, organizzatore, allenatore, accompagnatore, dirigente) orienta e controlla gran parte della struttura motivazionale con cui i giovani si accostano all'attività sportiva; inoltre, la variabile più importante del contesto in cui avviene la formazione allo sport e mediante lo sport sono gli adulti» (Scurati, 2009, pp. 126). In senso generale, l'azione coerente e collaborativa degli adulti di riferimento dovrebbe rispettare alcune finalità (Scurati, 2009, pp. 126-127):

- "educare alla domanda", aiutando i giovani a coltivare una cultura e una preparazione di base sullo sport nel rispetto di una lettura non banalizzata ma rispettosa delle dimensioni espressive ed estetiche;
- "educare informalmente", valorizzando lo sport quale contesto di educazione alternativo ai canali formativi istituzionalizzati (scuola e università);
- "educare dall'interno", trovando nello sport peculiarità proprie di intervento e di progettualità educativa;
- "educare al segno rappresentativo", laddove si riconosca che lo sport non è una perdita di tempo, bensì un'occasione per imparare a valutare, osservare, incontrare e a riconoscere segnali fondamentali.

3.3. Sport e motivazione: criticità educative

La dimensione motivazionale nello sport entra con più di un significato: normalmente questo tema si attribuisce all'ambito dello sport degli adulti, o professionistico. In realtà, appare cruciale anche assumerlo come cartina al tornasole nella gestione educativa dei bambini e dei ragazzi, poiché alla motivazione si associano i sistemi di premi e punizioni, i legami con i fattori esterni (scuola, famiglia), i significati e i fantasmi che portano a tante criticità familiari, il senso stesso di una pratica sportiva. Cerchiamo allora di procedere con sguardo analitico.

Una prima e urgente questione ha a che vedere con il necessario rispetto delle tappe evolutive del bambino o del giovane: quante volte notiamo l'adulto cercare di incentivare un bambino con illeggibili (per quest'ultimo) progetti futuribili o questioni inerenti al successo sportivo? Giova ricordare che «il bambino ricava piacere da ciò che riesce a fare, mentre non è interessato ai risultati concreti e ai vantaggi che potrà ottenere in futuro», mosso da aspetti intimi, emotivi e spesso legati al gioco, terreno fisiologico della propria crescita; «il ragazzo comincia a trarre piacere e stimolo dal differenziarsi dagli altri, dal desiderio di raggiungere le abilità e i traguardi possibili, di scoprire e sperimentare i propri limiti, di verificare i miglioramenti e ottenere, in base ad essi, l'apprezzamento dell'ambiente», in un contesto di sperimentazione, di prove ed errori, sempre con il rischio di incorrere nell'insoddisfazione, nella frustrazione e nella rinuncia quando gli incentivi (interni ed esterni) manchino (Prunelli, 2002, p. 75).

Le espressioni legate agli aspetti motivazionali di un giovane sportivo devono essere accompagnate nel segno del raggiungimento di una dimensione realista e massimamente razionale delle letture e delle cause intercorse in un determinato evento. Valorizzare i meriti, aiutare ad analizzare ed elaborare gli insuccessi personali, a capire che qualche volta le cause di un certo evento possono anche essere incontrollabili. Ciò non soltanto allo scopo di ottenere dei risultati in campo sportivo, ma anche e soprattutto per cogliere lo sport come occasione di educazione alla vita nel segno di una capacità di valutazione corretta dei suoi eventi.

Basti ascoltare i dialoghi tra bambini e genitori vicino a un campo di gioco per constatare che su questi aspetti le confusioni sono molte: spesso è il genitore per primo a dare tutte le colpe di una sconfitta o di un ultimo posto agli arbitri, al comportamento degli altri partecipanti o a qualche altra "ragione" ancora più fantomatica. Questo accade invece di accompagnare il giovane sportivo in un percorso di crescita: dove abbiamo sbagliato? Come possiamo migliorare? Allo stesso modo, l'adulto che indica sempre nelle capacità del giovane i motivi di un insuccesso, ottiene come unico risultato la demotivazione a migliorarsi e a imparare. Fa da contraltare – senza però che il segno negativo cambi – l'atteggiamento di quei genitori a cui piace pensare che il proprio figlio calciatore sia il Messi di domani, alimentando aspettative irrealistiche motivate soltanto da "fantasmi" e questione irrisolte del mondo adulto.

3.4. Sport e scuola: una collaborazione possibile

Capita frequentemente di sentir parlare di genitori che preferiscono tenere i figli lontani da una pratica sportiva o di relegarla al solo periodo estivo, perché la scuola viene prima di qualsivoglia divertimento. Capita anche che per un bambino o un adolescente lo sport sia un divertimento da conquistare a suon di risultati scolastici, salvo poi constatare che la cessazione di uno sport frequentemente si associa proprio a un peggioramento delle *performance* tra i banchi. Alcune retaggi culturali che il mondo adulto difficilmente accetta di abbandonare sono alla base di tanti di questi aneddoti: lo sport dei bambini viene vissuto, a seconda dei casi, in due modi contrapposti: è un gioco, un allontanarsi dalle "cose serie", *in primis* la scuola, e si fa perché un bambino ha bisogno di sfogarsi per poi tornare alla sua crescita; oppure, all'opposto, è un "dovere", una forma di scuola, un lavoro inserito nell'economia di una famiglia che in quello sport sta investendo tanto e richiede fatica, sacrifici, qualche volta anche sonore sgridate.

Occorre trovare una giusta cittadinanza per lo sport,

divertimento e gioco e allo stesso tempo dimensione estremamente seria nella vita di un giovane, senza che i due aspetti siano in contraddizione. A partire dalla scuola e dalla famiglia, potenzialmente capaci di attivare proficue zone di collaborazione.

Mi capitò una volta di parlare con un'insegnante della sua esperienza con un alunno sempre svogliato e poco attento. «Ero arrivato a pensare che avesse dei problemi», mi raccontò; «poi un giorno ho scoperto che era un campione nel suo sport preferito, correva con i kart! Mi sono reso solo allora conto di quanto fosse intelligente, e che la fisica che io insegnavo in classe lui la "imparava" sui campi di gara, che sarebbe bastato valorizzare la sua esperienza per motivarlo allo studio». Questione di intelligenze multiple, di occasioni di apprendimento significativo, di contesti e di saper gestire in senso pedagogicamente corretto la dimensione motivazionale in quel gioco di specchi che dalla vita (famiglia, scuola) porta allo sport e ad essa ritorna, andando al di là di logiche contrappositive o ricattatorie (per esempio lo sport come "premio" per i successi ottenuti in altro contesto).

3.5. Muoversi tra gli specchi, con attenzione

Tenendo fermo il tema della motivazione, in senso più generale occorre riflettere in ordine ad alcuni errori sistematici, quali per esempio le situazioni in cui: l'adulto non abbia reale fiducia nelle potenzialità del ragazzo; l'adulto veda il ragazzo come un prolungamento di sé e delle proprie aspettative; l'adulto tenda a mantenere un rapporto di dipendenza con il ragazzo, invece di lavorare per il raggiungimento dei suoi traguardi di autonomia; l'adulto utilizzi i contesti sportivi come fonti di guadagno personale.

Si tratta in sostanza di porre la precondizione di aver ben riflettuto prima di tutto sulla motivazione degli adulti (l'adulto educatore vs. l'adulto che tratta l'infanzia e la giovinezza come un proprio oggetto di possesso; l'organizzatore che tutela un contesto di crescita vs. l'organizzatore che tende al profitto; i media che educano allo sport vs. i media interessati alla spettacolarizzazione e al mero intrattenimento) riconoscendo le emozioni, le rappresentazioni dello sport e le ragioni che possono portare a determinate scelte.

Se è vero, come in un saggio di Anna Kaiser di alcuni anni fa, che «forse lo sport è l'attività che, in misura maggiore, riesce a evidenziare le contraddizioni e i paradossi del mondo dell'uomo, incarnandoli nell'atleta» (Kaiser, 1996, p. 11), allora il compito educativo c'è, e non è cosa da poco.

4. COMUNICARE NELLO SPORT
Dario Benatti

«Perché dovremmo imparare a comunicare/relazionarci in modo efficace nello sport? In fondo, lo sport è un fatto di muscoli, velocità, prontezza di riflessi. Ha senso sprecare tempo e fiato a parlare, esprimersi, instaurare relazioni? Ok, nella squadra bisogna che comunichiamo almeno un po', che ci capiamo al volo e quindi studiamo bene il modo di passarci velocemente messaggi, segnali strategici, ma basta l'essenziale, il pratico. Va bene anche che l'allenatore sappia formare un gruppo che lavori efficacemente assieme e che sappia ascoltare un po' il singolo per sostenerlo e motivarlo quando dovesse essere in crisi, ma non serve lo psicologo! Bastano poche parole efficaci e tanti fatti, il fine è dare il massimo, competere per vincere».

Queste affermazioni sono state fatte da un dirigente sportivo in occasione di un corso di comunicazione nello sport. Parlare di comunicazione nello sport è impresa abbastanza ardua se si ragiona come questo dirigente incontrato anni fa a Milano, tuttavia, una lunga esperienza nei corsi di formazione con lui e tanti altri dirigenti e allenatori, mi ha dimostrato che questa visione può cambiare. Soprattutto, quando si scopre che comunicare efficacemente con gli atleti e i colleghi porta al superamento di molte delle difficoltà relazionali che stanno alla base non solo di incomprensione e malessere, ma anche di prestazioni carenti. La qualità della relazione col prossimo, come vedremo meglio più avanti, incide moltissimo sul valore che diamo a noi stessi e agli altri e, quindi, su praticamente tutte le attività che si fanno assieme. Se poi pensiamo all'incidenza dello stato psichico sulla percezione e sulla concentrazione possiamo ben capire quanto questa sia importante nello sport: quante volte abbiamo visto atleti di grandissimo valore sbagliare all'ultimo momento una gara, un tiro al bersaglio, un calcio di rigore?

La prima parte di questo contributo si concentra sulla comunicazione/relazione nelle attività agonistiche, la seconda sullo sport vissuto in modo più ampio, come attività che comprende gioco, sviluppo personale ed educazione alla socialità.

4.1. Vincere ad ogni costo!

Questo primo paragrafo è rivolto a coloro che praticano lo sport in modo agonistico e ai loro allenatori/dirigenti, ma potrà essere utile anche a tutti quelli che orientano le proprie attività sportive al raggiungimento dell'obiettivo citato nel titolo, un obiettivo basilare e primario: vincere.

L'agonismo, la competitività, la combattività sono aspetti fondamentali dello sport professionistico e, nella loro forma positiva, esaltano alcune delle migliori caratteristiche dell'essere umano. Nella pratica sportiva agonistica (e non), infatti, l'uomo mette in gioco ciò che nella sua storia lo ha fatto evolvere positivamente: intelligenza, astuzia, coraggio, capacità di lottare per uno scopo e di rischiare.

Fare sport dona così l'occasione di vivere emozioni forti e arricchenti, di dimostrare la propria forza ed avere momenti unici di esaltazione di quelle doti così faticosamente scoperte e allenate per anni. Una vittoria *in extremis* con un avversario difficile, l'efficace uso di una strategia vincente, il guizzo finale sul traguardo sono momenti impagabili e di grande bellezza.

Parallelamente a questo, purtroppo, forse a causa della tendenza della società contemporanea a fare della vita una questione di potere, esaltazione dell'immagine, guadagno, assistiamo oggi frequentemente ad una perdita di consapevolezza sui veri obiettivi dello sport e sui metodi giusti per raggiungerli, che hanno orientato e sostenuto nei secoli gli sportivi.

Spesso si sacrifica l'anima del gioco in favore del risultato ad ogni costo e gli interessi economici impediscono una competizione sana, rispettosa delle regole etiche e il rispetto degli avversari.

Quanti sportivi allora, partiti con desiderio di far bene e con amore per il proprio sport, si ritrovano presto a viverlo in modo teso, contratto, tutto rivolto solo all'obiettivo, in balia di "avversari" non affrontabili sportivamente sul campo (commercializzazione, cura dell'immagine a scapito dell'essenza, iper-lavoro, doping e via dicendo)?

Il contributo di questo scritto ad una inversione di tendenze è senz'altro minimo, tuttavia, qualche spunto di riflessione e qualche esempio concreto di comunicazione efficace potranno essere d'aiuto allo sportivo e all'allenatore/dirigente che desiderino avere delle idee per rendere la propria vita sportiva un po' più rilassata e consapevole e soprattutto per dare il proprio aiuto, attraverso l'esempio, all'educazione delle nuove generazioni.

Ho deciso di utilizzare nel proseguo del testo una modalità di riflessione sulle difficoltà di comunicazione nelle attività sportive tratta da una delle tecniche di counseling strategico elaborate da Watzlawick e Nardone (Nardone & Watzlawick, 1999). Si tratta di un approccio ai problemi molto interessante e soprattutto alternativo, nel quale si chiede alla persona di pensare, non a come risolvere un dato problema, ma a come peggiorarlo! Secondo gli autori, infatti, questa modalità aiuta a pensare alle caratteristiche del proprio comportamento in modo più approfondito e conseguentemente ad allargare la visione su possibili, efficaci alternative.

Ecco allora una possibile domanda da farsi: «Cosa potrei pensare e fare per peggiorare la comunicazione/relazione con gli atleti che mi sono affidati?»

Troverete le mie personali risposte nel vademecum che segue, nel quale ho anche voluto mettere in evidenza, amichevolmente e con humour, gli atteggiamenti esagerati di certi allenatori e dirigenti, anche famosi. È una specie di "manuale al contrario" nel quale vengono declinati ed esaltati i comportamenti dell'allenatore (o dell'atleta) rigido e stressato.

4.2. Vademecum per l'allenatore tutto d'un pezzo

Poche chiacchiere: l'importante è il risultato, il fine giustifica i mezzi, il tempo è danaro.

Gli allenatori e dirigenti sportivi "tutti d'un pezzo" che si pongono l'obiettivo di vincere ad ogni costo, devono conoscere bene l'arte della comunicazione: le persone non amano molto essere stressate, per cui, potendo, tendono ad evitare certe fatiche! Mantenere gli atleti sempre ad alti livelli di forma, di tensione atletica, di concentrazione è veramente difficile e bisogna essere formati a tecniche di induzione/convincimento potenti.

A meno che non siate già graduati militari, magari addestratori dei *marines*, dovrete applicarvi in studio e *training* duro (se volete avere un buon imprinting, dedicatevi alla calibrazione dei comportamenti corporei e vocali del sergente Hartman nel film "Full metal Jacket").

Non avendo lo spazio e il tempo necessari a tale allenamento (e neanche campi di addestramento), ci limiteremo a dare dei consigli utili nell'immediato in questo breve vademecum, affidando al lettore il compito di allenarsi e impratichirsi poi in proprio.

Evitare trasparenza e ascolto

L'allenatore dovrà assolutamente evitare una comunicazione/relazione autentica e trasparente con gli atleti. Questo comporterebbe accoglienza e accettazione delle diverse caratteristiche della loro personalità (e, peggio, di quelle degli avversari), mentre per i nostri scopi vanno sentite, viste, esaltate, solo quelle utili all'obiettivo: vincere. Figuriamoci se stiamo ad ascoltare le emozioni e le esigenze di tutti! Il buon allenatore dovrà invece osservare acutamente le reazioni emotive dei suoi atleti per cassare con forza quelle inutili.

Molta tensione? Poche parole!

Nelle condizioni molto tensive l'allenatore non dirà (né si dirà) tante parole, al contrario, ne userà molto poche, la parte da padrone in questi casi la fa la comunicazione non-verbale, come vedremo meglio in seguito. Movimenti, gestualità, mimica del volto, tensione muscolare saranno i messaggi più importanti, anche se, volendo essere ancora più efficiente, egli potrà accompagnarli con le parole giuste per renderli maggiormente incisivi. Ne suggerisco qui alcune, ma attenzione, devono essere pronunciate con piglio, intensità, un tantino di tensione vocale, si consiglia inoltre di stringere un pugno e batterlo sull'altra mano in corrispondenza degli accenti:

- «Sforzati»;
- «Sbrigati»;
- «Impegnati»;
- «Fai quello che ti dico»;
- «Devi essere forte»;
- «Non ascoltare le tue emozioni»;
- «Fregatene (un po' di sana ruvidezza verbale non guasta) di quello che pensano o provano gli altri».

Infine, la botta finale: «Vuoi essere un atleta qualsiasi o un campione?!».

Queste frasi "ipnotiche" non sono scelte a caso, ma vengono dagli studi dell'Analisi Transazionale (AT) sui 5 possibili messaggi-spinta negativi che sono, appunto: sforzati, sbrigati, compiacimi, sii forte, sii perfetto (Stewart & Joines, 1990).

È bene chiarire che l'AT studia questi messaggi per insegnarci ad evitarli, non per applicarli! Tuttavia, nel nostro caso, questi saranno utilissimi all'allenatore (o ad educatori dello stesso stampo) per mantenere gli atleti in uno stato psichico rigido e nello stesso tempo fragile, contratto e quindi maggiormente influenzabile dall'autorità, cioè da lui!

Una tecnica che funziona sempre: «Vai bene se...»
La cosa è più semplice di quanto si possa credere, soprattutto se l'allenatore ha di fronte soggetti già predisposti: qualche difficoltà in famiglia, bisogno di affetto, problemini a scuola, prese in giro da parte dei compagni, ecc. Il messaggio che egli passerà forte e chiaro è: «Se ..., allora sei ok!».

Mettendo al posto dei puntini il comportamento che vuole ottenere.

Se il bambino, il ragazzo o il giovane adulto, come succede facilmente nei casi succitati, ha "fame" di conferme e di affetto, gli darà anima e corpo pur di sentirsi approvato, apprezzato, benvoluto. Se poi questo bisogno è forte, allora all'allenatore non sarà neanche necessario essere attento alla coerenza, nel senso che non sarà necessario che il comportamento che egli richiede all'atleta sia anche suo: sarà creduto ad occhi chiusi[1].

Di solito la tecnica funziona bene, ma se l'allenatore si trovasse di fronte a delle resistenze (malfidenti!), dovrà far ricorso ad una metodica più potente, anche se, attenzione, in questo caso egli dovrà applicarsi a diventare un buon attore, con esercizi di presenza scenica, vocalità, uso di mimiche facciali efficaci, ecc. Nei casi estremi potrebbe essergli utile anche un complice.

Si tratta di applicare i messaggi-spinta attraverso le cosiddette "attribuzioni". Il messaggio, cioè, non va passato direttamente, come ad esempio «Per compiacermi devi fare così...». L'allenatore dovrà invece pazientemente aspettare che l'atleta faccia qualcosa di buono e prontamente fargli un complimento come: «Che bravo sei stato a ...», oppure «Oh! Che bello, quello che hai fatto mi fa stare proprio bene!».

Come detto, egli dovrà formarsi con cura per divenire un vero artista di scena in modo da non destare sospetti.

In caso, infine, di resistenze esagerate, come ultima spiaggia,

---

[1] Per alcune persone che hanno avuto un'infanzia travagliata, questi messaggi sono ancor più potenti, perché possono rimandare a questioni di vita o di morte. Mi spiego: in alcune famiglie la vita è tanto difficile che i figli, fin da piccoli, vivono le proprie giornate in stato di allerta e, non capendo il comportamento degli adulti, magari violento o peggio ambivalente, si sentono in costante pericolo. Se poi la cosa è pesante, la paura può essere quella di morire («Mi daranno ancora da mangiare?»; «Mi proteggeranno dai pericoli della notte?»). Il bambino allora, vista la mal partita, non può fare a meno di cercare, con la sua piccola esperienza e ancora più piccola visione sul mondo, delle soluzioni per sopravvivere. Ma quali soluzioni? La prima cosa che farà è quella di immaginare qualche "dono sacrificale" da fare agli adulti per essere salvato e troverà presto la "salvezza" nei capricci dei genitori! Se faccio il bravo, se li compiaccio, se mi sforzo di piacere loro, se mi sbrigo quando mi chiedono qualcosa, forse mi permetteranno di vivere. Se i primi tentativi funzionano, egli perseguirà una o più di queste strade, fino a prendere delle vere e proprie decisioni su come vivere le relazioni con gli altri, che porterà con sé fino all'età adulta.

l'allenatore potrà ricorrere ad un complice per applicare l'attribuzione in modo più subdolo. Certe mamme hanno questa tecnica nel sangue e non fanno nessuna fatica ad applicarla con la connivenza dei nonni, ma se l'allenatore non è di questa razza, dovrà impegnarsi al massimo. Si consiglia vivamente di fare col complice un'adeguata serie di prove. In pratica, dunque, egli dovrà trasmettere l'attribuzione all'atleta, ma non direttamente, bensì facendo finta di riferirlo ad un altro. Ecco un esempio pratico: quando l'atleta, che sta correndo attorno al campo di calcio per allenarsi nella resistenza, passa vicino all'allenatore, quest'ultimo fingerà di parlare con il suo complice e, ad alta voce, affinché il ragazzo senta, gli appiopperà l'attribuzione: «Guarda quel ragazzo come è in gamba, fa un sacco di fatica, ma non desiste! Lui sì che è forte!».

Il risultato è assolutamente garantito e lo sarà addirittura al 100% se l'allenatore cura il momento giusto in cui far scattare la trappola, cioè quando il soggetto è arrivato a stati di fatica e tensione alti e la sua mente è obnubilata dallo sforzo: le parole arriveranno dritte a livello subliminale e vi resteranno incise indelebilmente.

Le attribuzioni fatte in questo modo sono subdole, arrivano in profondità e di nascosto. Un po' come quando la mamma di cui sopra telefona alla nonna (il bambino è presente e sta giocando) raccontandole quanto bravo è stato il suo nipotino a prendere nove in matematica, e che lo dica subito al nonno quando rientrerà. Naturalmente, in caso di voti inferiori il telefono resta muto.

Le barriere alla comunicazione

Abbiamo già visto che è poco produttivo per l'allenatore tutto d'un pezzo ascoltare troppo da vicino le emozioni dei suoi atleti: le persone tendono a lasciarsi andare e a perdere il controllo quando le lasci parlare troppo di sé, cominceranno a pretendere di essere ascoltate e chiederti di capire le loro esigenze, fino ad arrivare a mettere in discussione i tuoi modi e tempi!

Assolutamente consigliabile quindi evitare tutto ciò e fornirsi di adeguati mezzi di difesa da simili intrusioni. Anche qui ci vengono in aiuto delle buone idee dai professionisti che si occupano di comunicazione, non importa se useremo i loro insegnamenti in modo non proprio ortodosso, in fondo il nostro fine giustifica questi e altri mezzi.

Prendiamo in considerazione, per esempio, il testo di Mauro Scardovelli sulle "Barriere alla comunicazione" (2008), un testo molto interessante che declina in modo approfondito i sistemi che gli esseri umani mettono in atto, per lo più inconsciamente, per evitare relazioni autentiche. Qui, da veri professionisti, useremo invece questi sistemi molto coscientemente, anzi, con vera perizia.

Dunque, come può l'allenatore tutto d'un pezzo costruire barriere difensive a relazioni autentiche? Prima di tutto, egli applicherà senza paura tutti i comportamenti che Scardovelli definisce "da EgoLeader", riportati nell'elenco più sotto. Attenzione, però, che egli tenga ben in mente una premessa essenziale, che gli permetterà di non sentire sensi di colpa: l'EgoLeader vero non è consapevole di quello che fa, mentre lui lo è! Anche se gli sembrano condotte scorrette, l'allenatore sa bene che le pone in atto, pur malvolentieri, per il bene del suo atleta, il quale vuole raggiungere risultati di prestigio. Ok, onestamente anche l'allenatore desidera la sua parte di fama, ma solo marginalmente...

Ecco la lista dei comportamenti. Il trainer "efficace" deve:
-   iniziare le frasi con io, io, io; si fa così; fai ciò che ti dico;
-   non chiedere, ma dare ordini, pretendere;
-   lamentarsi, colpevolizzare, accusare;
-   non usare gentilezze, essere sgarbato;
-   non ringraziare: le cose gli sono dovute;
-   non scusarsi: ha sempre ragione lui;
-   dire di perseguire il bene comune (è secondario, ripeto, se in realtà è interessato solo al suo obiettivo);
-   non ascoltare, non empatizzare (già detto, *repetita juvant*);
-   essere prepotente, invasivo, irriverente;
-   umiliare l'altro, cercare di annullarne l'identità;
-   non dare spiegazioni;
-   sfruttare l'atleta ai suoi fini, volerlo succube,

sottomesso, i sentimenti e le idee dell'altro non gli interessano;

- apprezzare l'atleta solo se lo può vedere come suo prolungamento;

Ecco alcune utili note aggiuntive: se l'atleta dovesse confrontare l'allenatore sui suoi modi irrispettosi, sgarbati, critici, quest'ultimo non si metta in discussione, egli ha sicuramente ragione, il ragazzo non può capire, ha torto. Perché poi dovrebbe scusarsi per la sua mancanza di gentilezza? Se l'allenatore è rude, ci sono delle buone ragioni, chiunque lo sarebbe in quelle circostanze. Se egli non ascolta, in fondo è perché non c'è nulla di interessante da sentire, sempre le stesse inutili cose. Inoltre, non è vero che egli non empatizza e che non rispetta gli altri, al contrario, sono sempre loro che, chiusi nel loro egoismo ed ignoranza, non si accorgono dei suoi buoni sentimenti e propositi, e di quanto egli si impegni per far andare bene le cose. Insomma, come si fa a non capire che in fondo è lui a fare più fatica?

Di seguito una scheda utile a sintetizzare quanto detto, con qualche utile aggiunta (si veda Tabella 4.1).

Tabella 4.1 - Le principali barriere della comunicazione

Barriere	Messaggi impliciti	Esempi concreti
Non sintonizzarsi, non tenere conto dei *feedback*	Dobbiamo mantenere le distanze. Non mi fido. Non è necessario essere simpatici. I tuoi bisogni personali non sono importanti	«Non puoi capire» «Cosa vuoi saperne tu!»

Barriere	Messaggi impliciti	Esempi concreti
Interrompere sovrapporsi	Sono io che comando	Mentre cercano di parlarvi e di spiegarvi interrompete e sovrapponetevi.
Seguire il proprio pensiero, fare monologo	Non mi interessa dialogare con te. Le mie idee sono più importanti. Non meriti attenzione	Mentre uno vi parla, guardate altrove. Non ascoltate.
Fare pressing	Non ho tempo per queste cose. È inutile che tu ti esprima. I tuoi bisogni non mi interessano.	«Vieni al punto!» «Taglia corto» «Sbrigati!»
Mettere in dubbio	Non ti credo. Non mi fido. Hai torto. La tua parola non conta.	«Sì, ma... Come fai a dirlo...» «Però... Non so.... Mah...»
Contraddire	Ne so più di te. Ti sbagli.	«No. Non è così! Non è vero!»
Correggere	Ne so più di te. Non sei capace.	«Ora ti spiego. Non hai capito che... Non si tratta di A, ma di B»
Criticare	Non vai bene.	«Sei sempre lo stesso» «Quando hai intenzione di migliorare?»

Barriere	Messaggi impliciti	Esempi concreti
Colpevolizzare, rimproverare	Sei cattivo. Sei tu il responsabile. Sei un poco di buono.	«È colpa tua se... Sei tu che...» «Guarda che risultati scarsi!»
"Consolare" (falsamente)	Hai bisogno di aiuto per evolvere, non te la cavi da solo	«Non è stata colpa tua...» «Hai fatto del tuo meglio...»
Applicare la lettura della mente	Io so meglio di te cosa tu pensi e provi (cerco il dominio).	«Pensi così perché...» «Reagisci così perché pensi che io...»
Etichettare	Impoverire, sminuire, spersonalizzare	«Dici così perché sei giovane...» «Non puoi capire, sei una donna...»
Spiegare-interpretare, cercare di educare	Sei stupido, incapace, infantile.	«Ora ti spiego, ti faccio capire» «Ti succede così perché...»
Dare consigli non chiesti		«Devi fare così...»
Svalutare, sminuire, squalificare	I tuoi sentimenti non contano. I tuoi valori non mi interessano. Sei meno di quello che credi. Io sono OK, tu no.	«Va beh! Non è così grave...» «Ma come, non lo sapevi? Lo hai scoperto solo ora? A proposito...» (e cambia argomento).

Barriere	Messaggi impliciti	Esempi concreti
Inibizione all'azione (bugia bianca)	Distanza e sfiducia.	Non farti trovare quando l'altro ti richiede.
Non esprimere i propri sentimenti non dire cosa si pensa	Non sei in grado di capire. Non mi interessa comunicare con te. Una buona relazione non è necessaria.	L'uno chiede: cosa c'è? L'altro non risponde e tiene il muso.
Mentire, calunniare (bugia nera)	Tradimento.	«Sai cosa ha fatto quello...» «Mi ha detto che tu...»

L'allenatore tutto d'un pezzo non ha paura dello stress per sé. Egli conosce bene il proverbio "mal comune, mezzo gaudio" e non si opporrà allo stress che inevitabilmente coglierà anche lui: gli atleti stressati non amano lavorare con allenatori rilassati, e poi devono avere il buon esempio! Egli quindi applicherà le metodiche succitate anche a se stesso e, idealmente, alle proprie relazioni familiari e sociali, in modo da sfruttare se stesso esattamente come i suoi atleti, anzi, un po' di più, per dimostrare la propria integrità!

4.3. Uno sport felice, ovvero, la via è la meta!

Nella prima parte di questo capitolo abbiamo visto come, al giorno d'oggi anche lo sport, come tante altre attività apparentemente educative o ludiche, riflette la tendenza della nostra società a fare della vita una questione di potere e guadagno, anche a scapito degli altri. Questi atteggiamenti non richiedono comunicazione e relazioni autentiche, anzi, evitano con cura i comportamenti fondamentali di tale approccio: la capacità di ascoltare senza giudicare, lo sviluppo di capacità empatiche, l'apertura e l'accoglienza degli altri.

Va da sé che sia abbastanza "normale" che le attività sportive dei nostri giovani non contemplino e quindi non richiedano grandi capacità comunicative e tanto meno espressive, lo dimostrano chiaramente le interviste a fine gara di certi calciatori…

Nonostante tutto, c'è chi crede nello sport come mezzo di grande valore ed efficacia per lo sviluppo positivo della persona, e quindi vuole, per sé e per gli altri, farne uno strumento educativo. Non siamo pochi, ce lo dimostrano tutte le attività, non viste in tv, né descritte sui giornali, ma vissute da milioni di persone con passione e piacere: in questo "altro mondo dello sport", la persona e la sua rete di relazioni è, o dovrebbe essere, al centro dell'attenzione di educatori e formatori.

Gli obiettivi, qui, non sono tanto diversi da quelli descritti più sopra: in tutte le pratiche sportive, siano esse professionistiche o amatoriali, è insito il desiderio di migliorare i record personali, di vincere, e lo sforzo e l'allenamento sono di casa in entrambi i contesti; tuttavia il modo di perseguirli è radicalmente diverso. Il risultato finale è importante, ma si trova sullo sfondo, mentre in primo piano, al centro dell'attenzione, si pone il modo in cui lo si raggiunge. Prima di tutto ci sono la cura della qualità dei vissuti e degli aspetti educativi: dal motto «il fine giustifica i mezzi» si passa a «la via è la meta».

In quest'ottica allargata, la capacità di comunicare e costruire rapporti positivi è fondamentale. Questa convinzione non è data solo da letture e studi, decenni di esperienza in campo sportivo prima come atleta e poi come allenatore e formatore mi hanno insegnato (soprattutto attraverso l'analisi degli errori commessi) che saper comunicare e relazionarsi in modo adeguato porta, anche in questo ambito, a benefici ben più importanti di quanto si possa immaginare. Ogni buon allenatore, d'altra parte, sa che forza, velocità, precisione, concentrazione, per essere applicate al meglio hanno bisogno anche di una tranquillità di base: la psiche, come sappiamo, influenza corpo e corporeità.

Quest'ultimo aspetto, a volte messo in secondo piano, è invece sostanziale per il nostro discorso. Il sapere e il saper fare si sviluppano al meglio quando le risorse cognitive, l'attenzione, la concentrazione dell'atleta possono essere rivolte all'oggetto di apprendimento e non tutte tese all'adattamento ad un ambiente tensivo o addirittura ostile. La paura del giudizio negativo esterno e interno è forse la prima fonte di irrigidimento e confusione mentale. In sintesi, se il nostro atleta è sereno e calmo, coltiverà il suo "saper essere" assieme al saper apprendere, in un ideale contesto di crescita e sviluppo di sé.

4.4. Comunicare e relazionarsi positivamente

Partiamo da qualche presupposto riguardo la comunicazione in generale, in modo da poter poi ragionare su basi comuni e trovare strategie utili ad arricchire e potenziare le nostre attività educative, verso noi stessi e gli altri.

4.4.1. *Alle radici della necessità di comunicare. Conoscere il mondo e conoscere se stessi*

Chi studia l'uomo e il suo comportamento, scopre presto che ognuno di noi, una volta assecondati i bisogni primari fisiologici, ha un doppio istinto/bisogno che lo spinge alla relazione con l'esterno: da una parte quello di conoscere, esplorare, orientarsi nel mondo in una specie di un movimento centrifugo; dall'altra, come in un moto centripeto, quello di sentirsi confermato positivamente dagli altri e da situazioni che lo facciano sentire "presente" e unico all'interno dello stesso mondo. Questo secondo aspetto a pensarci bene, riguarda ancora conoscenza e capacità di orientamento, ma stavolta nel mondo interno, acquisiti attraverso lo specchio degli occhi dell'altro. In altre parole, per conoscere noi stessi pienamente, dobbiamo muoverci nell'ambiente ed incontrare altre persone.

Gli altri hanno allora due principali ragioni di essere, due "compiti esistenziali": da una parte quello di arricchirci, di nutrirci di ciò che non conosciamo, dall'altra quella di accoglierci, confermarci, accettarci.

Un esempio tratto dal mondo dello sport potrebbe essere quello del ragazzo che va agli allenamenti di calcio e chiede al suo allenatore di imparare a giocare e avere per questo un programma di allenamento, ma anche, contemporaneamente, che egli lo rispetti, lo tratti con cura, accolga le sue capacità e i suoi desideri.

4.4.2. *L'importanza della comunicazione non-verbale e para-verbale*

Va da sé che per vivere con gli altri e, ancor più, per avere dagli altri informazioni e rispetto è necessario entrare in comunicazione, ovvero essere in contatto. L'etimologia di questa ultima parola (con-tatto) ci aiuta ad introdurre un primo, importante aspetto che riguarda la comunicazione umana: una relazione positiva (ma anche quelle negative) ha radici profonde negli aspetti corporei non-verbali della comunicazione. Come ben spiega Watzlawick nel suo più famoso libro "Pragmatica della comunicazione umana" (Watzlawick *et al.*, 1967), quando incontriamo un'altra persona trasmettiamo e riceviamo sì delle informazioni o "notizie" come le definisce il nostro autore (ad esempio, la salutiamo), ma parallelamente comunichiamo con altri mezzi, soprattutto con la nostra corporeità, il valore che diamo a lei, a noi stessi e alla relazione che stiamo intraprendendo. E del tutto, o quasi, inconsciamente. La qualità di questi messaggi, in gran parte subliminali, incide grandemente anche sull'efficacia di quelle parti della comunicazione di cui siamo coscienti.

Semplificando il concetto, quando due o più persone sono in comunicazione, esse saranno facilitate e aperte all'ascolto, se i reciproci segnali corporei sono positivi: ad esempio, se si sorridono, se orientano il corpo verso l'interlocutore con atteggiamenti aperti, se sintonizzano il proprio tono (psico) fisico con gli altri e con la situazione.

La qualità relazionale della comunicazione è data quindi in gran parte dalla corporeità, con un risultato percentuale della espressione corporea (nello studio limitata alla mimica del volto) sul totale dell'attività comunicativa del 55% (Mehrabian, 1972). Nel caso poi che la comunicazione contenga parti verbali, un altro importante aspetto è la "musica" di sfondo che si usa parlando, ovvero, tutti gli aspetti para-verbali del parlato: il tono di voce, l'intensità, i ritmi, gli accenti e tanti altri aspetti, anche qui per lo più non controllati, che dicono, oserei dire urlano, vista la loro pregnanza, delle reciproche intenzioni a livello di relazione. Il para-verbale deterrebbe, secondo gli studi suddetti, il 38% dell'importanza nella qualità di una relazione; mentre le parole solamente il 7% (Mehrabian,1972).

Ad esempio, l'allenatore di basket che trasmette il messaggio: «Prova a concentrarti sul tuo modo di tenere la palla mentre prendi la mira», avrà risultati diversi di comprensione e quindi di reazione al messaggio se lo dice in modo teso e arrabbiato, piuttosto che calmo e fiducioso.

Naturalmente, cercare di racchiudere in numerazioni le attività comunicativo-relazionali di esseri così complicati come siamo noi umani, offre il fianco ad ogni possibile, giustificata critica, tuttavia possiamo trarre da questi tentativi di analisi delle utili indicazioni generali, prima tra tutte: se cerchiamo di mentire con le parole, prima o poi il resto del corpo ci tradirà.

4.4.3. *L'importanza della trasparenza e della congruenza*

Abbiamo visto che quando comunichiamo emettiamo segnali e informazioni a più livelli, verbale, para-verbale e non-verbale e che ognuno di questi canali "dice" delle cose al nostro interlocutore in modo più o meno consapevole (la gran parte in modo inconscio).

È facile allora capire quanto sia importante che i vari messaggi siano fra di loro coerenti su quello che trasmettono. Se ti dico «Mi fido di te» e non lo penso, sarà molto difficile passare un messaggio univoco, congruente appunto: mentre pronuncio queste parole, il modo in cui te lo dico e l'atteggiamento corporeo potrebbero svelare il mio pensiero in modo evidente, creando così quell'incongruenza fra i messaggi che il mio interlocutore, basta sia un po' sensibile, coglierebbe come un tentativo di imbroglio.

Non sempre è possibile e, a volte, dire la verità è persino inefficace (naturalmente si tratta comunque e sempre della *mia verità*), tuttavia possiamo affermare che una buona prassi generale per l'educatore è quella di dire quello che pensa, di essere, come si dice, trasparente. Alle persone non piace chi mente, sapendo di mentire.

4.4.4. *Comunicare i propri valori*
Come in tutti gli ambiti della vita, dove c'è una relazione tra chi sa e chi non sa, ad esempio tra insegnante e allievo o genitore e figlio, allenatore e sportivo, si crea una comunicazione speciale, importante e delicata. Abbiamo già visto che ci sono essenzialmente due tipi di comunicazione, una che è espressione dell'intelligenza pratica, un'altra che esprime quella relazionale, collegata anche alla sfera dei valori. È chiaro come sia importante comunicare su entrambi i livelli per raggiungere risultati soddisfacenti sia sul piano pratico-fisico, sia su quello emotivo-relazionale. Solo quando l'allenatore sa equilibrare le due "comunicazioni" si avrà la premessa per una soddisfazione di entrambe le persone.

All'allenatore spetta il ruolo di guida: è lui dei due o del gruppo che ha maggior esperienza, che conosce la strada, che ha la capacità e la competenza, diciamo che ha gli strumenti pratici, il tipo d'intelligenza adatta a preparare a quel tipo di "prova". Conosce cioè le procedure adatte per allenare a livello fisico («Oggi dieci giri di corsa del campo, tot andature, poi allenamento di tot tempo, ecc.»).

Comunicare una procedura, dare le regole è un passaggio fondamentale per tutte le età degli atleti. È importante che l'allenatore sappia che sta comunicando le regole non solo perché l'atleta, conoscendole, possa partecipare al gioco (livello di informazione), ma anche per creare una struttura che dà sicurezza, orienta la persona; così non sta dando solamente compiti, esercizi da svolgere per migliorare la prestazione fisica dell'atleta, ma anche per dare un fondamento alla autostima e alla fiducia in sé dell'altro. È evidente come, in questo modo, l'atleta avrà appreso molto più che a giocare e la comunicazione sarà stata efficace non doppiamente, ma ancor di più: in modo esponenziale!

Le qualità della comunicazione pratica dovranno quindi essere in questo caso, la precisione, la decisione e la sicurezza, mentre le qualità della comunicazione relazionale saranno la fiducia e il sentimento di competenza («Puoi farcela»). Così sarà in ogni situazione che si viene a creare durante l'allenamento e il gioco. Ti insegno a passare la palla ed anche il valore della condivisione, che crea sinergia; ti insegno a darti da fare, ma anche ad accettare la sconfitta; ti insegno a perseguire l'obiettivo pratico del gioco che è fare gol, arrivare nel tempo previsto, riuscire a fare una forma come la si desidera, ma anche ad avere un obiettivo più ampio che è "vivere un'avventura" in modo appassionante, anche al di là del risultato. Ecco cosa intendono quelli che parlano dello sport come metafora della vita!

Si capisce così anche il valore dell'atto di allenare e come sia importante che l'allenatore stesso ci creda!

Ed ecco il punto: la comunicazione si impara: chi allena gli altri, se vuole farlo non solo per raggiungere risultati pratici, non può prescindere da allenare se stesso alle qualità che vuole trasmettere.

4.4.5. *Far riferimento ai propri mentori*

Un buon punto di partenza per l'allenatore che voglia trarre cose buone dal proprio tesoro e trasmetterle ai suoi atleti è fare riferimento ai propri mentori, cioè alle persone che hanno avuto un ruolo educativo importante e positivo nella sua crescita come persona e come atleta. Questo soprattutto nei momenti di difficoltà, quando la mente è distratta dai problemi contingenti. Niente di meglio che ricordare come qualcuno in passato è stato capace di affrontare situazioni simili in modo positivo, forse ci si ricorderà di uno sguardo benevole, di una pacca sulla spalla, di una parola decisa ma amorevole.

Molto importante poi è l'esperienza dei maestri nel nostro campo. Ad esempio, se vogliamo approfondire gli aspetti pedagogici nella comunicazione (ma non solo per i bambini), possiamo attingere all'opera di un grande psicopedagogista, Reuven Feuerstein, che ci offre una serie di criteri educativi riguardo al rapporto fra chi sa e chi vuole imparare, che lui ha chiamato: criteri della mediazione.

4.5. L'allenatore-mediatore

Il mediatore, secondo Feuerstein, è un adulto che si interpone con intenzionalità e con un comportamento attivo tra il soggetto in situazione di apprendimento (il nostro atleta) e l'oggetto di apprendimento (l'attività sportiva), per permettere ai due un interscambio efficace (Feuerstein *et al.*, 2006).

Egli ha, per questo, un compito preciso: non solo allenare, ma rivestire di senso e significati le esperienze dei suoi atleti. La sua opera è improntata infatti, sia allo svolgimento di un compito specifico, come imparare un gesto atletico, sia, e direi soprattutto, allo sviluppo di capacità più generali ed ampie. Ad esempio come saper usare le stesse strategie che si stanno imparando in altri momenti o campi; quali relazioni si possono individuare fra questo gesto motorio e gli altri appresi in passato; come elaborare nuove strategie.

Più che al "cosa faccio", l'atleta viene invitato a pensare a "come lo sto facendo" ovvero impara ad imparare e, in questo modo, il suo apprendimento non si limiterà ad una superficiale abilità fisica, ma, gradatamente, diverrà fonte di capacità generali su come affrontare situazioni simili, diventerà strutturale, ovvero parte del suo impianto cognitivo.

Questo tipo di apprendimento viene definito strutturale ed è permanente, ma flessibile, diviene cioè un'abitudine, ma è pronto ad essere modificato da esperienze successive, così da sapersi adattare a sempre nuovi ambienti e situazioni (Feuerstein *et al.*, 2006 a, p. 46).

4.5.1. *I criteri della mediazione*

Feuerstein non si limita però a farci ragionare sui presupposti di una mediazione positiva, la grande esperienza pratica del nostro autore gli ha consentito di predisporre dei concreti criteri metodologici che, nella loro acutezza, ci possono fornire una guida sicura, nelle piccole e nelle grandi attività educative sportive. Citerò soprattutto dei criteri sostanziali per il nostro discorso sulla comunicazione, lasciando al lettore che lo desidera il compito di approfondire il tema nei testi, di grande valore, del nostro autore.

Intenzionalità

L'intenzionalità è condizione sine qua non per una buona relazione educativa, sta alla sua base tanto da essere, assieme alla reciprocità e alla trascendenza, che vedremo di seguito, fra le condizioni imprescindibili perché avvenga una mediazione positiva.

Le interazioni mediate sono costantemente sostenute dall'esplicita trasmissione dell'intenzionalità del mediatore, ad esempio: «Ho intenzione di lavorare con te sulla precisione dell'allenamento e voglio che tu ascolti attentamente le strategie che ti proporrò e che ragioni con me sui comportamenti utili a raggiungerne un buon grado». La chiara e forte trasmissione delle intenzioni serve anche a creare il sentimento di reciprocità, elicitando nella persona il desiderio di partecipare e di esprimersi a sua volta (Feuerstein *et al.*, 2006).

Reciprocità

Se l'allenatore si pone come unico fornitore di conoscenze può far perdere ai suoi atleti parte della motivazione e desiderio di apprendere. Il concetto di reciprocità ha invece a che fare con l'ascolto reciproco in una circolarità della comunicazione che prevede contemporaneamente espressione e ricezione (Watzlawick *et al.*, 1967).

La persona che si sente ascoltata, capita, apprezzata nel modo e nel contenuto di ciò che esprime, sarà naturalmente portata, quasi spinta, a fare di più, a trovare sempre più canali e strategie per ottenere quella benedizione che è la conferma di sé. Quando sono con il mio allenatore io «Sono ok!» (Stewart e Joines, 1990) e mi sento così bene, perché lui mi guarda, mi ascolta e mi capisce, sento che posso apportare qualcosa di mio in quello che facciamo, sento di essere parte attiva.

Trascendenza

La trascendenza è un criterio talmente importante che ogni attività progettuale, in educazione così come in ogni altra occasione formativa dovrebbe averlo ai primi posti, sempre ben a fuoco. Mediare la trascendenza significa permettere ai presenti di sentirsi parte attiva di qualcosa di più ampio. Per gli atleti, soprattutto i più piccoli, capire bene quali sono gli obiettivi primari di quello che si fa è una fonte di grande energia e voglia di fare perché li libera dalla dipendenza dalle situazioni presenti e li conduce ad una maggior apertura mentale e al desiderio di conoscere.

La capacità di trascendere, si capisce, è un prerequisito per il mediatore. Nella sua crescita personale e nella sua formazione professionale è infatti sostanziale che egli acquisisca lungimiranza di vedute e capacità di collegare le attività sportive che propone con obiettivi di ordine superiore. Sarà poi facile per il suo mediato imparare a fare lo stesso: come per osmosi, egli potrà respirare la trascendenza in ogni esperienza comune, fino a che, naturalmente, questa si trasformi in un modello di pensiero e conseguentemente di comportamento: «Quando mi alleno ho imparato che, oltre all'obiettivo immediato di rinforzare i muscoli, c'è qualcosa in più, di più grande, di più generale da raggiungere. Anche se stiamo semplicemente correndo, il mio allenatore mi insegna con le parole e il comportamento, che, per esempio, sto anche imparando a sostenere la fatica e ad aumentare la mia determinazione. Inoltre, mi fa capire che la forma atletica mi consentirà di aiutare meglio la squadra e di divertirmi ancora di più mentre gioco».

4.5.2. *Mediazione del sentimento di competenza*

Il sentimento di competenza è un aspetto psicologico essenziale per la costruzione della propria immagine, ma credere in sé e nelle proprie abilità sono anche condizioni facilitanti per l'apprendimento, per la prontezza nell'affrontare nuove esperienze e per mettere alla prova se stessi in nuove sfide.

Nell'organizzare le esperienze e le attività, l'allenatore-mediatore crea le condizioni affinché gli atleti riescano nelle cose con successo (ma non per forza la vittoria). È quindi basilare fare in modo che essi partano nell'affrontare la disciplina sportiva con un buon equipaggiamento di prerequisiti. Non solo, però, abilità specifiche sul dato gesto atletico, come ad esempio saper effettuare bene un palleggio, ma anche strategie generali su come concentrarsi, focalizzare, identificare e definire problemi, ripetere certe azioni con precisione, acquisire velocità, ecc.

L'allenatore predisporrà quindi le attività in modo da fornire sia elementi familiari che elementi nuovi della giusta complessità, non troppo facili, né troppo difficili. L'atleta sentirà così di essere competente, ma sarà anche necessario che il mediatore lo sottolinei adeguatamente. Farà riferimento quindi ai dettagli del lavoro svolto, evitando di limitarsi ad un generale "ottimo lavoro", ad esempio: «Hai tirato il calcio di punizione molto bene», «La rincorsa era corretta e la forza adeguata», «Sei riuscito a superare l'emozione della responsabilità che hai avuto».

Nel caso di un compito che richiede diverse prestazioni, saranno evidenziate quelle nelle quali la persona è stata maggiormente capace, evitando troppi commenti negativi su ciò che è stato carente. Ad esempio: «Hai fatto una buona partenza dai blocchi nei 100 metri piani, ottimo!» (anche se non è stato migliorato il tempo personale della gara).

È fondamentale che in ogni mediazione di questo tipo passi forte e chiaro uno dei concetti più radicati nel metodo Feuerstein (Feuerstein *et al.*, 2006): la ricerca dell'autonomia, attraverso il messaggio implicito, «Quello che ti insegno lo saprai fare da solo».

4.5.3. *Mediazione della regolazione e del controllo del comportamento*

L'obiettivo di questa mediazione è favorire nell'atleta, soprattutto se giovane, la capacità di controllo autonomo del suo comportamento, senza il bisogno di essere (sempre) regolato da fonti esterne. Poniamo ad esempio la troppa tensione prima della gara o la paura prima del classico tiro di rigore.

Di certo non è un compito facile per l'allenatore, che ha bisogno di strategie utili a non divenire autoritario e neanche ad aspettarsi che i suoi interlocutori imparino da sé a controllarsi.

Le persone che necessitano di mediazione intensiva possono avere bisogni diversi causati da una grande varietà di problematiche e spero di essere perdonato da chi vorrebbe maggiori specifiche, se mi limito a considerarne due tipologie generali:

- il bisogno di essere aiutato a conoscere e controllare la propria preoccupazione nei confronti di se stesso e dell'ambiente, che rende l'atleta agitato e a volte iperattivo perché incapace di rilassarsi a causa della paura di essere giudicato. Ne è un caso il ragazzo che durante una partita di calcio non riesce a fare passaggi corretti per la fretta di liberarsi della palla;
- il bisogno di essere aiutato ad attivarsi, a smuoversi da una certa passività, adattamento, blocco motivazionale. Sempre nella stessa partita, è il caso di chi non riesce ad entrare nel vivo del gioco, quasi nascondendosi fra i ranghi.

«Raccontami cosa pensi prima di prendere l'arco per il tiro e parliamo un po' di come ti concentri nel posizionare le gambe correttamente rispetto al bersaglio». Sarà molto utile ragionare con l'atleta sui suoi pattern comportamentali di fronte al compito. Ragionare, ben inteso, non giudicare! Il giudizio, soprattutto se negativo porta piuttosto ad un allontanamento dalla comprensione e ad un irrigidimento cognitivo. È molto importante sostituire, ad esempio, il «Non devi aver paura di tirare un calcio di rigore» con «Come puoi fare per rimanere più tranquillo e tirarlo con precisione?».

In questo contesto l'atleta è portato ad esaminare la natura del compito e la progettualità sottostante. Ha bisogno di estimare il giusto investimento emotivo e cognitivo che gli viene richiesto, così come le sue abilità e le risorse che può potenziare.

Che ottima idea ci suggerisce Feuerstein (Feuerstein *et al.*, 2006): imparare a vedere il bicchiere mezzo pieno è una capacità che porta benessere e visione positiva di se stessi e del mondo attorno. Credo, assieme al mio allenatore nella possibilità di migliorare le mie prestazioni, di superare gli ostacoli, di potenziare le mie risorse e di arricchirmi di conoscenze. Non mi nascondo i problemi, ma neanche passo il tempo ad osservarli, sono troppo occupato a guardare avanti!

Buono sport a tutti!

5. Sport, figli e genitori
Manuela Cantoia[1]

S   *Senso del gruppo, imparare a "lavorare" con gli altri*

P   *Pochi passi per volta: si impara gradualmente*

O   *Obiettivo: azione, passione, rispetto*

R   *Riuscirai anche tu: motiviamo, non "tarpiamo le ali"*

T   *Tutti sereni, soprattutto i genitori*

I   *Impariamo, giocando*

V   *Valori: correttezza, impegno, responsabilità, ecc.*

A   *Alleniamo le abilità motorie di base, dopo verrà la specializzazione*

M   *Modelli positivi: i bambini ci guardano!*

E   *Errare per imparare*

N   *No a prendersi troppo sul serio*

T   *Tutti partecipano*

E   *Enfasi sul gioco e il divertimento, non sul risultato*

L'avvio allo sport è un momento con cui tutti i genitori devono presto o tardi confrontarsi: i bambini devono fare sport. La pressione sociale verso le attività sportive è forte, da parte sia degli specialisti (pediatri, insegnanti, ecc.), sia dei pari (confronto con i compagni).

---

[1] Il presente capitolo riprende alcuni passaggi del volume Cantoia, M. (2010). *Tutti in campo. Avviare i figli allo sport*. Milano: Edizioni San Paolo.

È ormai ampiamente accertato e noto che la pratica dello sport permetta di definire stili di vita salutari e sia un potente strumento di prevenzione rispetto a numerose patologie e al sempre più diffuso fenomeno dell'obesità infantile. Sono forse meno note, invece, altre tipologie di effetti benefici, come nel caso delle correlazioni tra la quantità di esercizio svolta dai bambini e la qualità della relazione con i genitori (in termini di qualità, intimità e contatto), i maggiori livelli di prestazione in compiti cognitivi e di supporto sociale, ma anche i minori livelli di depressione e di uso di droga (Field *et al.*, 2001).

Nel corso dell'infanzia e dell'adolescenza, lo sport ha effetti positivi su:

- benessere sociale generale: relazioni con i pari (Smith, 1999) e funzionamento psicologico (Findlay & Coplan, 2008);
- miglioramento dello status sociale per i maschi (Chase & Dummer, 1992);
- miglioramento della competenza fisica percepita e reale (Weiss & Duncan, 1992);
- maggior autostima corporea e complessiva (Marsh, 1998);
- contenimento dei livelli di ansia degli adolescenti (Findlay & Coplan, 2008).

Lo sport ha un ruolo protettivo sul piano psicosociale per i bambini timidi e per quelli aggressivi: in entrambi i casi, grazie alla pratica sportiva, i bambini migliorano l'autostima e quelli timidi registrano una riduzione dell'ansia sociale. La partecipazione sportiva rende i bambini più assertivi, autocontrollati, aumenta i vissuti di benessere e migliora l'autostima sul pian fisico, dell'apparenza e rispetto ai pari (Findlay & Coplan, 2008).

Le indicazioni circa i livelli ottimali di attività motoria e sportiva sono andate adeguandosi nel tempo: negli anni '90, si consigliavano almeno tre sessioni di esercizio settimanali della durata di 20 minuti, a livelli moderati o intensivi; dal 1998 si è invece incoraggiata la partecipazione ad attività anche moderate, ma costanti, per almeno un'ora al giorno (Brettschneider. & Naul, 2014). Il Libro bianco sullo sport curato dalla

Commissione Europea (2007) ha introdotto una differenziazione tra le diverse tipologie di popolazione, raccomandando che in età scolastica si arrivi ad almeno 60 minuti quotidiani di attività fisica differenziata e di intensità moderata-forte che deve essere svolta in sequenze della durata di almeno 10 minuti ciascuna. Le Linee Guida Europee del 2008 hanno specificato poi che nella prima infanzia si dovrebbe privilegiare lo sviluppo delle abilità motorie generali, piuttosto che proporre attività mirate, mentre a 9 anni l'attività di dovrebbe attestare sui 120 minuti quotidiani, che potrebbero essere ridotti a 90 verso i 15 anni. Questi tempi sono ovviamente un'indicazione che comprende ogni forma di movimento e non solamente lo sport organizzato, infatti, più l'attività è diversificata, più i ragazzi imparano uno stile di vita sano: camminare, giocare, nuotare, ballare, andare in bicicletta, fare sport, esercizi, correre, saltare, saltare con la corda, ma anche andare a scuola a piedi, pattinare, schettinare, sciare, suonare la batteria, giocare a basket o fare skateboard (Andersen *et al.*, 2006; AA.VV., 2008).

In questo capitolo si affronterà il tema dell'esperienza sportiva considerando la prospettiva dei bambini e dei ragazzi e quella dei genitori, nelle diverse fasi ed esperienze: la scelta dell'attività sportiva, le competizioni, l'agonismo, i comportamenti dei genitori durante le manifestazioni sportive, le differenze di genere.

5.1. Posizioni a confronto

Occorre chiarire qualche breve premessa che aiuti a mettere a fuoco le condizioni di entrambe le posizioni e i ruoli: bambini e genitori rispetto alle attività sportive.

5.1.1. *Dalla parte dei bambini*
Nel passaggio dalla scuola primaria a quella secondaria di primo grado, l'auto-percezione dell'abilità nell'attività sportiva inizia a cambiare. Fredricks e Eccles (2002) hanno messo in luce più fattori critici, sintetizzabili in due ordini di spiegazioni: individuali e contestuali. Tra i fattori individuali si possono

annoverare i naturali cambiamenti evolutivi che vedono un ridimensionamento delle percezioni di competenza nel passaggio tra i 7-8 anni e la preadolescenza, fase, nella quale si è in grado di valutarsi in base a un maggior numero di standard comparativi e ai confronti sociali con il gruppo dei pari (Stipek & MacIver, 1989). Occorre poi considerare i cambiamenti fisici che intervengono a partire dalla preadolescenza e che possono trasformare le capacità di prestazione di un giovane atleta, così come il sempre maggior orientamento dei ragazzi verso le attività condivise con il gruppo dei pari. Per quanto riguarda invece i fattori contestuali, i giovani atleti si trovano a dover affrontare, da una parte, il generale aumento della competizione all'interno dei contesti sportivi, dall'altra, il cambiamento dei criteri di valutazione da parte degli allenatori. Dopo i 10 anni di età, infatti, con la possibilità di avviare l'attività agonistica, le squadre diventano più selettive e le valutazioni degli allenatori, insieme al confronto che i ragazzi stessi fanno con i compagni, potrebbe indurre a ridimensionare, persino eccessivamente, il giudizio sulle proprie abilità. Alla stessa stregua, se alla scuola primaria, i bambini vengono valutati soprattutto in riferimento all'acquisizione dell'abilità osservata, nelle scuole secondarie (di primo e secondo grado) aumentano i criteri normativi e di confronto all'interno del gruppo (Fredricks & Eccles, 2002).

L'importanza attribuita all'attività sportiva risulta essere un fattore predittivo più significativo rispetto alla semplice partecipazione e all'interesse: nel passaggio dall'infanzia alla preadolescenza, l'interesse per lo sport resta alto, ma diminuisce il valore di importanza. Nel caso di giovani atleti che non riescono a tenere il passo con i crescenti livelli di competizione, questo cambiamento potrebbe essere considerato come fattore protettivo dell'autostima (Fredricks & Eccles, 2002).

5.1.2. *Dalla parte dei genitori*
L'influenza dei genitori orienta il modo con cui i bambini si pongono rispetto allo sport, i genitori rappresentano infatti la fonte di orientamento più significativa, più degli allenatori, dei compagni e delle preferenze dei bambini stessi (Baxter-Jones & Maffulli, 2003). Essi definiscono le modalità e l'orientamento

dell'incoraggiamento e del supporto (positivo o negativo), oltre a decidere quale tipologia di opportunità offrire ai figli (Green, 2010).

La considerazione che i genitori hanno delle capacità sportive dei figli influenza le credenze di questi ultimi circa le proprie capacità e il valore che attribuiscono all'attività sportiva stessa: i messaggi che i figli mutuano dai discorsi e dai comportamenti dei genitori orientano la loro interpretazione delle proprie esperienze, a lungo e a breve termine (Fredricks & Eccles, 2002). Ancora, la valutazione che i genitori fanno in merito alle abilità dei figli durante i primi anni della scuola primaria sarebbero indipendenti dai reali livelli di abilità dei bambini, inoltre, i genitori sarebbero in grado di predire con maggior accuratezza i risultati sportivi rispetto a quelli scolastici in matematica. Riguardo a questo ultimo dato, occorre osservare che, in molti casi, i genitori dedicano più tempo alle attività sportive dei figli rispetto a quelle scolastiche (Fredricks & Eccles, 2002).

Il contesto familiare pone le premesse per le successive esperienze in diverse situazioni di performance (Skinner *et al.*, 1998):

- se negli anni della scuola primaria i genitori hanno un'alta considerazione delle abilità atletiche del figlio, la sicurezza che questi acquisisce influenza il suo futuro approccio allo sport e, conseguentemente, l'andamento delle sue convinzioni è più stabile nel tempo;
- i genitori che hanno aspettative alte offrono più opportunità e queste influenzano positivamente le credenze dei bambini sulle loro competenze e il valore dello sport;
- i genitori di bambini meno motivati agiscono per rafforzare le credenze circa i loro bassi livelli di abilità e valore, assumendo i messaggi dei figli nelle proprie valutazioni.

In generale il focus dei genitori rispetto al valore ultimo dello sport orienta i comportamenti dei figli: se i genitori investono soprattutto sul benessere psicosociale che lo sport garantisce, i figli praticano più sport (Skinner *et al.*, 1998; Jambor, 1999). Anche in questo caso, occorre osservare che si tratta in genere di famiglie con una lunga tradizione di attività sportiva che probabilmente considerano lo sport come una parte fondamentale del loro stile di vita, dandone per scontate le valenze esclusivamente preventive e salutistiche (Gould *et al.*, 2005).

La letteratura sul ruolo fondamentale dei genitori nell'esperienza sportiva dei figli è molto ampia: l'atteggiamento dell'adulto di riferimento influenza i ragazzi sul piano della motivazione, della stima, degli obiettivi e della percezione di competenza (White *et al.*, 2004; Bois, Sarrazin, Brustad, Chanal & Trouilloud, 2005); il supporto emotivo incondizionato rappresenta uno dei fattori maggiormente indicativi del piacere dei figli per l'attività sportiva e della sua continuità (Smith, 2005).

Riprendendo il «Modello del Valore delle aspettative» (Eccles, Wigfield & Schiefele, 1998; Fredricks & Eccles, 2004), i genitori possono porsi come:

- "interprete dell'esperienza": il genitore che incide sulla percezione di competenza e stima del figlio;
- "fornitore di esperienza": il genitore che ha l'obiettivo di incoraggiare e fornire opportunità affinché i figli siano attivi.

L'assunzione di uno di questi atteggiamenti, soprattutto nella preadolescenza dei figli, influenza in modo determinante i loro processi di *decision making*, con particolare riguardo per la percezione di abilità e il desiderio di partecipazione sportiva.

5.2. Scegliere una disciplina sportiva

Spesso, nell'avviare i propri figli allo sport, le famiglie sono mosse da un insieme di motivazioni anche molto eterogenee tra loro che mettono in luce l'intreccio di preoccupazioni, convinzioni, richieste, bisogni cui risponde l'esperienza dello sport. Il rimando è obbligatoriamente a una serie di fattori che, per comodità descrittiva, si potrebbero distinguere in: personali, interni ed esterni. La dimensione personale riguarda l'attribuzione di significato all'esperienza da parte del bambino, le sue aspettative, l'immagine di sé, il diverso grado di sviluppo delle competenze motorie, ma anche sociali, cognitive, emotive e comportamentali che lo sport attiva, i limiti individuali e loro gestione, le scelte di agonismo. I fattori legati alle influenze interne al contesto familiare sono principalmente rappresentati dalle aspettative e dalle pressioni che i genitori talvolta, anche inconsapevolmente, esercitano sui propri figli, indirizzandoli ad attività più legate ai propri gusti o desideri, piuttosto che alle reali inclinazioni o necessità dei bambini. L'influenza degli adulti sulle scelte dei figli verso lo sport varia infine anche in base alla disciplina praticata, perché l'attività può richiedere alla famiglia un considerevole impegno sul piano economico e organizzativo (iscrizione, materiale, divisa, accompagnamento a allenamenti e gare, ecc.; Hoefer, McKenzie, Sallis, Marshall & Conway, 2001; Baxter-Jones & Maffuli, 2003; Green, 2010). Le influenze esterne vengono agite dalla cerchia sociale più prossima al bambino – compagni, amici che praticano un certo sport - e dagli stereotipi o luoghi comuni sugli sport e gli sportivi, in base alla popolarità delle discipline (sport maggiori e minori) o al genere (calcio i maschi, danza le femmine). La comunicazione mediatica sullo sport spesso è in grado di orientare le preferenze degli adulti e l'immaginario dei bambini, come nel caso dei grandi eventi, a seguito dei quali quelli che vengono definiti "sport minori" e che abitualmente non riscuotono grande attenzione, subiscono improvvise impennate nel numero delle iscrizioni ai relativi corsi; alla stessa stregua, tuttavia, l'immaginario comune sugli sport maggiori, in particolare il calcio, spesso orienta i bambini verso scenari non sempre valorialmente costruttivi (si pensi all'attrattiva esercitata da sportivi che hanno ingaggi milionari e/o comportamenti discutibili).

In Italia, nel 2015, solo il 27,9% dei bambini tra i 3 e i 5 anni ha praticato qualche attività sportiva (Istat, 2017). Spesso i genitori dichiarano di considerare i bambini troppo piccoli, affermazione che mette in luce una visione dello sport legata all'impegno e alla richiesta sul piano fisico e comportamentale (seguire un allenatore, rispettare le regole, ecc.) ritenuta impegnativa e preponderante rispetto ai potenziali benefici su altri fronti. Ma è davvero così? È vero che la scelta dell'attività sportiva deve tenere in considerazione i ritmi e la resistenza fisica del bambino: non è raro che alla Scuola dell'Infanzia i bambini più piccoli arrivino alla fine della giornata scolastica piuttosto provati, per la fatica della permanenza in un contesto di vita comunitaria (volumi acustici alti, rispetto delle regole, convivenza con i compagni, ecc.). È anche vero che i bambini hanno il diritto di vedere preservato un tempo per attività non strutturate, organizzate in autonomia, secondo i propri tempi. Tuttavia, un moderato esercizio fisico di stampo prettamente ludico è utile non solo per l'avvio all'esperienza sportiva in sé, ma anche in termini di sviluppo motorio, socializzazione, acquisizione di autonomia.

Soprattutto nella prima infanzia, ma non solo, la scelta dell'attività dovrebbe essere sempre esito sia di una considerazione preventiva delle caratteristiche e delle esigenze del singolo bambino, anche alla luce del confronto con altre figure educative (familiari, insegnanti, educatori) che possano restituire visioni diverse del bambino nei vari contesti (scolastico, sportivo, amicale, ecc.), sia di un congruo periodo di familiarizzazione con i ritmi e le modalità di allenamento che l'attività stessa richiede. Ogni nuova esperienza richiede un tempo di familiarizzazione con le persone, con le attività e i luoghi, con i ritmi dei nuovi impegni e dell'apprendimento. Questo periodo di conoscenza è importante a livello psicologico, affinché i bambini si sentano a proprio agio nelle nuove situazioni e instaurino una relazione di fiducia con gli istruttori; ma è determinante anche a livello fisico, perché il corpo ha bisogno di assimilare movimenti nuovi, ha bisogno di capire che cosa fare e come e abituarsi ad eseguire gli esercizi. In questo senso, oltre all'attività motoria in sé, è necessaria la continuità nell'impegno motorio: affinché si possano verificare miglioramenti è importante che ci sia un'attività costante e prolungata nel tempo. Lo stesso dicasi per i benefici in senso più lato che sono connessi alla pratica di uno sport in termini di benessere fisico e psicosociale.

Se l'infanzia è il momento del consolidamento delle abilità di base, a partire dai nove-dieci anni si possono orientare le scelte verso una particolare disciplina. Questo passaggio apre alla decisione circa la tipologia di attività sportiva da praticare: individuale o di squadra? Di contatto? Di velocità o di resistenza? Anche in questo caso, l'unica indicazione ritorna alla capacità di osservare il singolo bambino: se in linea di principio un carattere molto introverso potrebbe giovare di una graduale familiarizzazione con il gruppo, è anche vero che potrebbe aver bisogno di rinforzarsi, prima di essere messo a confronto fisico diretto con i pari. Allo stesso modo, se un bambino vivace potrebbe essere orientato verso un'attività che lo aiuti a canalizzare meglio le proprie energie, acquisendo un po' di disciplina, si potrebbe anche ipotizzare che possa trarre maggior beneficio da uno sport che gli permetta di esprimere la propria esuberanza in un contesto definito.

Queste decisioni richiedono in generale un atteggiamento responsabile da parte degli adulti: la scelta deve essere in primo luogo loro e non dei bambini; in secondo luogo, deve fondarsi su argomentazioni solide, non sulla spinta di un interesse improvviso o di richieste estemporanee. Soprattutto nel caso di bambini piccoli, spesso gli adulti corrono il rischio di permettere un eccessivo coinvolgimento diretto nella scelta dello sport da praticare («Voleva assolutamente fare…») o della gestione della costanza con cui frequentarlo. In realtà, quella che è una apparente libertà e il riconoscimento dell'opinione del bambino, cela un eccesso di precoce responsabilizzazione del quale il bambino potrebbe risentire, perché non ancora capace di valutare fattori quali l'opportunità della preferenza per una data attività alla luce degli effetti sullo sviluppo motorio complessivo, della tipologia di competenze non solo motorie, ma anche personali che una attività può richiedere, dell'impegno che si deve dedicare in modo continuativo. Ad un eccesso di responsabilità da una parte, corrisponde dall'altra una deresponsabilizzazione dell'adulto di riferimento che, demandando la scelta, non trasmette un atteggiamento corretto e non tutela il rispetto delle decisioni prese («Il bambino ha cambiato idea, non vuole più frequentare»).

Un altro aspetto fondamentale nella fase di scelta è la costruzione di un quadro realistico della disciplina da parte del bambino: occorre   mettere   nelle   giuste   proporzioni   l'effetto dell'immaginario legato alle attività più comuni, i discorsi e le scelte degli amici, nonché il fascino mediatico di alcuni sport. Occorre considerare che, soprattutto per i maschi, lo sport ha un forte valore nel gruppo dei compagni e restituisce un'immagine di sé più o meno vincente. Il bambino deve aver chiaro in che cosa consista l'attività sportiva: tutti gli sport prevedono fasi di riscaldamento o di acquisizione delle tecniche, ma soprattutto regole e comportamenti da rispettare, così come il carico di impegno richiesto e i livelli di competenza che verosimilmente si possono raggiungere.

Come detto, le rappresentazioni dei bambini sono influenzate da quelle dei genitori, ma anche dal loro esempio diretto: secondo i dati dell'Organizzazione mondiale della Sanità, i bambini sono maggiormente attivi durante la settimana scolastica rispetto al *week end*, quindi più in occasioni strutturate (corsi) e meno in famiglia (Brettschneider. & Naul, 2014), dato coerente anche con i bassi livelli di pratica sportiva degli adulti in Italia. Al di là delle opportunità che vengono offerte ai figli, l'esempio diretto è sempre importante per consolidare stili d vita sani e "sportivi" e per trasmettere un vissuto di passione e soddisfazione, piuttosto che di obbligo («Si deve fare nuoto, perché fa bene»).

Un'ultima considerazione sul tema della continuità: è giusto cambiare ogni anno attività? Non sarebbe più fruttuoso specializzarsi in una disciplina per trarre il meglio dagli insegnamenti? La specializzazione precoce non anticipa necessariamente la scoperta di un talento. Come detto, nei primi anni il bambino ha bisogno di stimolare le competenze motorie di base con un lavoro complessivo sul corpo, piuttosto che mirato. Allenamenti tecnici precoci non migliorano la resa, al contrario, possono indurre all'abbandono dell'attività, quando il carico di lavoro o di tensione risulta superiore alla portata del bambino. Cambiare attività ogni anno, comporta d'altronde la curiosità e la capacità di sperimentarsi e di mettersi continuamente in gioco nel ricominciare dall'inizio, magari nella ricerca della disciplina ideale o di quella che permette di guadagnare il maggior benessere personale.

Tabella 5.1 - Trend di sviluppo delle abilità e della pratica sportiva nei bambini (Cantoia, 2010)

Fase	Piano motorio	Piano comportamentale	Attività ottimali
0-6 anni	Le abilità di base (attività aerobiche, di resistenza, di equilibrio, di flessibilità, ecc.) sono nel pieno dello sviluppo, ma la coordinazione "fine", non è ancora ben definita.	L'approvazione degli adulti, è molto importante. Fino ai 4-5 anni, i bambini non hanno ancora imparato a perdere/vincere, hanno tempi di attenzione ridotti e non è detto che siano già in grado di differenziare i pensieri propri/altrui, di cogliere relazioni causa/effetto, di prevedere lo svolgimento/esito di una sequenza di azioni, o di prendere decisioni autonome e rapide.	Serve un lavoro globale che attivi tutto lo schema corporeo e avvii ad uno sviluppo armonioso. Sono consigliabili attività non eccessivamente competitive, eseguite individualmente o alternando i gruppi.
6-8 anni	Continua il consolidamento delle abilità di base (lanciare, colpire o calciare una palla, saltare, correre, nuotare, ecc.) e	Il senso di collaborazione e di condivisione delle vittorie e degli errori matura gradualmente e, in generale, l'anticipazione di	È preferibile privilegiare attività in piccoli gruppi bilanciati che garantiscano un buon livello di interazione, distribuiscano

Fase	Piano motorio	Piano comportamentale	Attività ottimali
	inizia l'avvio agli sport di squadra.	attività per cui il bambino non è ancora pronto - fisicamente o psicologicamente - porta ad abbandoni precoci.	equamente le probabilità di successo e tutelino la partecipazione di tutti.
8-11 anni	Il bambino è pronto a sperimentare più discipline sportive per scoprire e capire i propri interessi. Verso la fine della scuola primaria può iniziare a partecipare a competizioni organizzate, ma ogni allenamento deve ancora prevedere una congrua parte esercitativa, per lo sviluppo globale del fisico.		È ancora consigliabile privilegiare attività in gruppi piccoli, che possono essere ancora misti, mentre andando avanti, il diverso sviluppo fisico porterà a preferire gruppi omogenei per genere.
dai 12 anni	Si possono coltivare le preferenze emerse negli anni di "esplorazione", beneficiando	Con l'ingresso nella pre-adolescenza, il senso del gruppo/squadra diventa sempre più importante e	È importante calibrare il livello di richiesta sul piano sia fisico, sia psicologico. Il periodo della

Fase	Piano motorio	Piano comportamentale	Attività ottimali
	del lavoro di un allenamento mirato. Si iniziano pienamente le attività agonistiche.	le prime trasferte possono rappresentare importanti momenti di crescita e di autonomia per i ragazzi.	scuola superiore registra frequentemente un consistente abbandono della pratica sportiva.

Tabella 5.2 - Check list per il monitoraggio delle attività sportive dei bambini (Cantoia, 2010)

Piano fisico	- La disciplina permette di lavorare sugli schemi motori di base? - Sviluppa armoniosamente le diversi parti del corpo? - È compatibile con le capacità di coordinazione del bambino?
Piano organizzativo	- Giorni e orari: sono conciliabili con gli impegni scolastici? E con quelli del resto della famiglia? Chi andrà a portare/ritirare il bambino? - Logistica: la palestra o il centro sportivo è facilmente raggiungibile? Le distanze sono percorribili anche in caso di pioggia o freddo? - Costi: ai costi dell'iscrizione, vanno aggiunti quelli delle attrezzature e dei trasporti. - Affidabilità: si tratta di un centro riconosciuto? Gli istruttori, a prescindere dalla loro preparazione tecnica o della loro fama, hanno esperienza con i bambini/ragazzi?

	- Carico di impegno: quanti allenamenti settimanali sono previsti? Quanto durano? Ci sono competizioni? Con quale frequenza? Eventuali trasferte sono organizzate dal centro o a carico della famiglia?
Piano psicologico-motivazionale	- Il bambino ha bisogno semplicemente di muoversi, sfogarsi, giocare o vuole impegnarsi in un'attività sportiva? - Comprende e rispetta le regole? - Comprende il concetto di squadra? - Accetta i confronti diretti con gli altri? - Accetterebbe di stare in palestra e di seguire le indicazioni e le richieste dell'allenatore, in assenza dei genitori o di alte figure di riferimento? - È più interessato all'attività in sé o ai compagni con cui la praticherebbe? - È interessato al prestigio sociale dell'attività o alla sua reale pratica? - Ha una buona fiducia di base? - È in grado di portare a termine gli impegni presi? - Ha altri interessi oltre allo sport? - Ha chiesto lui/lei di poter svolgere una certa attività? Ha subìto qualche pressione nella decisione? - Ha capito l'importanza di seguire gli allenamenti con regolarità? - Si diverte? - È integrato nel gruppo? - Si sente incoraggiato dalla famiglia? - È sostenuto nei momenti di stanchezza o di scoraggiamento? - Le attività che vengono proposte vanno bene per lui, per le sue possibilità attuali?

Tabella 5.3 - Scelgo lo sport perché... (Cantoia, 2010)

- Rappresenta un'esperienza ricca e fondamentale di conoscenza di sé, forgia il carattere e le abitudini, sviluppa l'autodisciplina, la volontà, la capacità di condivisione, di sostegno reciproco. Aumenta la fiducia in sé attraverso l'apprendimento di abilità e la consapevolezza del miglioramento. In particolare, quando si parla di bambini, lo sport rappresenta un ottimo mediatore per l'apprendimento delle regole, del rispetto, del controllo dell'impulsività, permette di sviluppare i primi interessi personali e di iniziare a affrontare vittorie e sconfitte.
- Insegna a contare sulle proprie forze, a non affidarsi all'improvvisazione, a essere costanti e sempre impegnati. Dimostra che a volte gli sforzi non sono subito ripagati, che bisogna perseverare per raggiungere un risultato importante, che non è necessariamente un record, ma la soddisfazione di sé e del proprio lavoro.
- È un forte legante sociale: è un'occasione per allargare la cerchia dei rapporti sociali con i pari, per promuovere il dialogo interculturale, l'inclusione sociale. Chiama in gioco immaginari comuni, permette di "fare gruppo", aiuta a sciogliere le tensioni, produce un generale senso di benessere. Crescendo, i ragazzi organizzano spesso le proprie relazioni sociali e gli interessi intorno allo sport, che costituisce quindi una garanzia rispetto a uno stile di vita sano e al controllo dei tanti comportamenti devianti tipici dell'adolescenza.
- Permette di lavorare su un senso di competizione equilibrato, sia con se stessi sia verso gli altri: imparare a mettersi alla prova, a capire i propri limiti e provare a superarli, mettendo in connessione tangibile lo sforzo con il risultato. Lo stesso nel caso della competizione esterna, verso i compagni, che deve essere vissuta sempre con lo scopo ultimo di conoscere se stessi, di collocarsi nel mondo e confrontarsi con gli altri.
- Insegna il valore della collaborazione: il lavoro di squadra sviluppa capacità fondamentali come l'ascolto e l'apertura

all'altro. La società mette spesso l'accento sui comportamenti competitivi, anche sul piano educativo, quando è invece importante "allenare" i bambini alla cooperazione, alla condivisione di obiettivi, di regole e soprattutto alla responsabilità, al sostegno reciproco.
- Insegna l'importanza della correttezza, della lealtà verso se stessi, i compagni e gli avversari.
- Migliora la forma fisica, svolge azione di prevenzione e cura delle patologie tipiche della crescita.

5.3. Quando il gioco si fa serio: competizioni e agonismo nell'infanzia

Lo sport, così come ogni attività, deve permettere al bambino di ritagliarsi spazi di progettazione e scoperta di sé e dei propri interessi. In questo senso, deve configurarsi come una delle tante esperienze della sua quotidianità. La personalità in costruzione del bambino non deve rischiare infatti di identificarsi con un unico contesto di esperienza e competenza, come nel caso dei bambini che costruiscono la propria immagine di sé unicamente intorno ai voti scolastici, o alla riuscita sportiva. È importante che negli anni dell'infanzia e della preadolescenza ci si possa confrontare con molteplici dimensioni che concorrano a creare un'idea di sé globale e completa.
Passando ad un ulteriore piano di analisi, è fondamentale che le attività sportive nel corso dell'infanzia abbiano un carattere prevalentemente ludico e non rappresentino fonte di eccessivo stress da prestazione e confronto. La capacità di confrontarsi con la sconfitta è un guadagno graduale e, in generale, la competizione presuppone sempre una certa fiducia di base: se non si è convinti di valere e non ci si sente in grado di affrontare le richieste del compito e del contesto, non ci si può confrontare con gli altri. La sfida è, prima di tutto, una sfida verso sé stessi e verso i propri limiti, che prende contorni diversi a seconda degli obiettivi che ogni atleta si pone. Un aspetto fondamentale della competizione consiste infatti nel prendere atto che, non essendo possibile controllare i livelli di prestazione dell'avversario,

occorre concentrarsi sul miglioramento delle proprie capacità.

Il monito alla gradualità nell'avviare i bambini alla competizione ha di base una duplice ragione: da una parte, permettere lo sviluppo delle competenze motorie e psicologiche necessarie ad affrontare il confronto diretto e a gestirne le conseguenze in modo costruttivo, sia nel caso di vittoria, sia di sconfitta. Per vivere in modo costruttivo l'esperienza sportiva è importante che giovani, atleti e famiglie coltivino aspettative realistiche e capiscano il primato della prestazione sul risultato. Dall'altra parte, si auspica che l'esperienza di occasioni di competizione sia controbilanciata da esperienze di collaborazione che permettano al bambino di imparare a relazionarsi con i pari in vista di uno scopo comune, di saper mediare quando necessario (è il tipico caso della capacità di un pensiero strategico di squadra che prevalga sul protagonismo soggettivo: un compagno smarcato segnerà più facilmente, quindi si deve passare la palla), ma anche di essere propositivo nel gruppo e di assumersi le proprie responsabilità (ad esempio, nel caso di sport di squadra, il risultato deve essere rielaborato a livello di gruppo e non solamente sulla base delle singole azioni efficaci o meno).

Discorso diverso merita la scelta dell'agonismo: in generale, non ci si arriva prima dei 10 anni compiuti, ma ci sono discipline (ad esempio, la ginnastica artistica) che impongono ritmi sostenuti già a partire dagli 8 anni. Ogni scelta "totalitaria", sia che riguardi la musica, lo sport o altri interessi, deve essere una scelta meditata e deve muovere dal bambino stesso. Si tratta di un'esperienza che può essere molto arricchente, dare grandi insegnamenti di vita e forgiare il carattere, tuttavia, proprio perché impegnativa sia per l'atleta, sia per la famiglia, deve essere meditata e tutelata dalla presenza supportiva e consapevole dei genitori.

Il maggiore rischio riguarda la possibilità che il bambino si identifichi in modo totale e unico con i suoi risultati sportivi. È un dato di realtà il fatto che non tutte le giovani promesse si confermino campioni, per questo, il senso di fallimento e frustrazione che può subentrare, può essere un vissuto troppo forte da poter essere gestito in autonomia da un bambino o (pre)adolescente, soprattutto se non c'è stato modo di coltivare altre risorse, contesti, immagini di sé rispetto ai quali sentirsi capace. La "normalità" dell'infanzia e della preadolescenza di un giovane agonista si giocano sulla capacità di mantenere ritmi comuni rispetto alla sua fascia di età: gli orari scolastici, il tempo per lo studio, per la frequentazione dei compagni e per sé, anche quando, preso dall'entusiasmo, è lui stesso a volerli sacrificare. Non bisogna infatti dimenticare che l'esperienza agonistica precoce, in particolare i suoi ritmi di lavoro e le eccessive pressioni della famiglia e dell'ambiente sono una delle più comuni cause di *drop out* (Brustad e Partridge, 2002; Bocchi, 2013).

Come detto, le scelte di agonismo riguardano tutta la famiglia. Alcuni studi hanno valutato l'impatto di queste esperienze sui fratelli dei piccoli agonisti. Trussell (2009) ha rilevato vissuti eterogenei (orgoglio, gelosia, competizione, contrapposizione) che variano anche in base all'ordine di nascita, portando addirittura ad invertire lo status in famiglia, nel caso in cui il campioncino sia il fratello minore. Altro effetto ricorrente è una certa mancanza di taratura nei parametri di valutazione delle prestazioni degli altri figli/fratelli, a prescindere dal loro reale valore, così come trattamenti o percezioni di trattamento differenti nella quotidianità in famiglia. Le conseguenze sono sintetizzabili o nella tendenza all'abbandono precoce della pratica sportiva da parte dei fratelli che cercano di emergere in altri ambiti di attività oppure, al contrario, nella tendenza delle famiglie a spingere gli altri figli a praticare lo stesso sport, sia per motivi di risparmio organizzativo, sia per eccesso di focalizzazione. Alcune delle interviste di Trussell hanno approfondito proprio la situazione di fratelli che giocano nella stessa squadra, facendo emergere una visione strumentale del fratello talentuoso che permetteva di raggiungere sempre la vittoria. Non sono emerse invece espressioni di gratificazione emotiva in generale.

5.4. Genitori a bordo campo

La qualità dei comportamenti da bordo campo dei genitori impatta sui giovani atleti e non di rado le società sportive si trovano a dover prendere provvedimenti a riguardo. L'osservazione sistematica ha permesso di comprendere quali fattori possono influenzare i comportamenti dei genitori e la qualità della relazione genitore/figlio (Fredricks & Eccles, 2004; Holt *et al.*, 2008; Dorsch, Smith & McDonough, 2009; Smoll & Smith, 2012).

Il "comportamento a bordo campo" (*sideline behavior*) è stato definito come l'insieme dei comportamenti di elogio, critica o direttiva manifestato dai genitori in occasione di gare o competizioni (Dorsch, Smith, Wilson & McDonoug, 2015), come un *continuum* ai cui estremi si collocano rispettivamente i commenti di supporto e quelli controllanti e lungo il quale si trovano commenti di incoraggiamento, di feedback contingente sulla performance («Questo è un rovescio!»), istruzioni («Passa la palla!»), commenti ambivalenti («Ma non così! Sì, sì, prova ancora!»), negativi («Non sei coordinato!») e dispregiativi («Che orrore, che cos'era questo tiro?!») (Holt, Tamminen, Black, Sehn & Wall, 2008).

Negli interventi dei genitori si osservano spesso più obiettivi tra loro interrelati (Berger, 2005; Wilson, 2014) che possono essere riportati a tre macro tipologie (Caughlin, 2010; Wilson, 2014):
- obiettivi strumentali, legati al superamento di ostacoli e al completamento di compiti specifici;
- obiettivi identitari, mirati a dare una certa immagine di sé e dei figli;
- obiettivi relazionali, per lo sviluppo e il mantenimento delle relazioni.

Dorsch e colleghi (2015) hanno condotto uno studio osservativo per 15 mesi, abbinandolo a interviste e raccolta di diari dai quali, in relazione agli obiettivi nella pratica sportiva dei figli, gli autori hanno distinto:
- obiettivi strumentali: evitare insuccessi, evolvere come atleti, crescere come persone, godere dell'esperienza sportive;

- obiettivi identitari: mantenere una immagine di buon genitore e gestire le percezioni esterne sul proprio figlio;
- obiettivi relazionali: intensificare le relazioni familiari e ampliare la cerchia sociale.

Come già noto in letteratura (Allen, 2003; Stuntz & Weiss, 2009), anche dallo studio di Dorsch e colleghi emerge che i comportamenti verbali a bordo campo sono influenzati dalle ambizioni sociali dei genitori per i figli (fare amicizie, entrare a far parte del gruppo). I genitori avrebbero la capacità di sintonizzarsi con i figli e di riformulare i propri obiettivi alla luce dei risultati dei figli e della loro relazione. I principali obiettivi dei loro commenti sarebbero legati al compito (miglioramento del figlio sul piano tecnico, l'impegno, portare a termine un obiettivo), ma vi sono anche messaggi orientati al confronto con i compagni o al successo futuro (ottenere una borsa di studio). Le criticità emergono quando i comportamenti dei genitori diventano contraddittori o si ostacolano reciprocamente (Goldsmith, Lindholm & Bute, 2006), ad esempio, nel caso in cui un padre per incitare il figlio a superare una difficoltà momentanea (obiettivo strumentale), mini la sua identità o la sua relazione con il gruppo (obiettivo identitario). I genitori mostrano spesso la capacità di priorizzare gli obiettivi in modo da posticipare i commenti che è preferibile non fare in pubblico, privilegiando a bordo campo comunicazioni che diano una buona immagine di sé e del figlio agli allenatori o agli altri genitori (Goldsmith *et al.*, 2006; Dorsch *et al.*, 2015).

Il comportamento dei genitori sarebbe determinato dalla qualità dell'interazione con i figli, dai risultati delle loro performance e da fattori di contesto (le regole del gruppo sportivo, il tipo di sport praticato) (Holt *et al.*, 2008). Secondo Wiersma e Fifer (2008), le decisioni e il coinvolgimento del genitore sarebbero invece determinati dalle aspettative e dai comportamenti del bambino, nonché dalle sue performance, dalle sue richieste e dai benefici che il genitore percepisce possa ricavarne il bambino stesso.

I figli, da parte loro, non sempre colgono gli interventi verbali dei genitori come supportivi (Stein, Raedeke & Glenn, 1999) e, anche in ragione della dissonanza dei rispettivi obiettivi, possono arrivare a sentire minata la propria autonomia e autostima (Caughlin, 2010).

Passando a considerare i comportamenti disfunzionali dei genitori nei contesti sportivi (linguaggio, comportamenti violenti, atteggiamenti nei confronti di allenatori, avversari e arbitri, attese non realistiche rispetto alle performance dei figli, ecc.), si ha a che fare con un fenomeno che ha suscitato nel recente passato grande clamore mediatico, ma il cui reale impatto proporzionale rispetto alle realtà sportive giovanili a livello internazionale non è chiaramente quantificabile, sia per la mancanza di studi sistematici a riguardo, sia per la difficoltà della loro realizzazione (Gould, Lauer, Roman e Pierce, 2005).

Docheff e Conn (2004), in uno studio condotto attraverso una serie di interviste con 55 genitori, hanno rilevato un generale livello di consapevolezza circa i comportamenti corretti da tenere quando si segue un figlio nella propria esperienza sportiva; non di meno, gli stessi genitori sono stati estremamente lucidi quanto all'ammissione della propria fatica nel metterli in atto, perché sopraffatti, a loro dire, dall'istinto di protezione verso i figli (paura di incidenti in campo, reazioni a commenti o decisioni non ritenute adeguate, risposta a giudizi ritenuti scorretti da parte degli arbitri, ecc.).

La difficoltà nel gestire e controllare le proprie reazioni emotive da parte dei genitori nel corso dell'azione di gioco o della performance, conferma l'importanza di investire in una cultura corretta dello sport e di comportamenti di generale *fairplay* (mantenere la giusta prospettiva, riconoscere le proprie tendenze a reagire, attuare comportamenti di coping, ecc.) (Gould *et al.*, 2005).

Un secondo fronte disfunzionale riguarda le attese. Come sottolineano anche Gould e colleghi (2005), il livello di impegno richiesto alle famiglie sia in termini economici, sia di organizzazione e tempo, può indurre alcuni genitori ad attendere una sorta di "ritorno" del proprio investimento, nella forma di un "successo" del figlio. L'iper-coinvolgimento che ne consegue mette sotto pressione il giovane atleta e, nella fase preadolescenziale e adolescenziale, porta spesso alla decisione da parte dei giovani atleti di abbandonare o cambiare attività sportiva.

Per poter acquisire una visione più completa sul tema del coinvolgimento dei genitori, è doveroso citare anche la situazione completamente opposta, in cui sono i figli ad alimentare un vissuto negativo da parte dei genitori: l'impossibilità di seguire i ragazzi nelle esperienze sportive, può sfociare infatti in vissuti di colpa e inadeguatezza legati alla consapevolezza di aver poco tempo, di non essere in grado di dare ai figli un adeguato supporto emotivo e fisico, o di non riuscire a farlo nella misura attesa (Ranson, 2001; Brannen & Nilsen, 2006). Come già per il coinvolgimento nelle attività scolastiche, al di là della volontà dei singoli, anche le occasioni legate allo sport possono diventare motivo di diseguaglianza sociale che mette in luce, per alcune fasce di popolazione, lo sbilanciamento tra i livelli di partecipazione desiderati, sia dai figli sia dai genitori, soprattutto i padri, e la realtà della quotidianità e degli ostacoli ad essa legati (orari di lavoro, possibilità organizzative, ecc.) (Daly, 1996; Arendell, 2000).

5.4.1. *Il genitore supportivo*

L'investimento su una corretta cultura dello sport dei bambini e dei ragazzi ha una lunga e solida tradizione in paesi come, ad esempio, Canada e Australia, ed è sempre più diffuso. Nella maggior parte dei casi lo sforzo parte dalla base, sono infatti le società sportive che si attivano per il contenimento e l'educazione dei comportamenti dei genitori con progetti e manifesti pubblici (si veda ad esempio, www.scuoladipallavolo.it/progetti-2/carta-etica-anderlini/carta-etica-anderlini-genitori/).

Quali sono i comportamenti che un genitore può mettere in atto per partecipare in modo costruttivo alla vita sportiva del proprio figlio?

Difficile definire delle priorità, è senz'altro essenziale ricordare che lo sport deve essere una esperienza di partecipazione, valori e passione (divertimento, soddisfazione). Quando il clima, al di là della fisiologica tensione agonistica, non è coerente con questi principi, qualche cosa non funziona.

Un primo punto di partenza può essere sottolineare l'importanza per i genitori di non sostituirsi mai agli allenatori e ai tecnici, ma, al contrario, lasciare che queste figure siano il punto di riferimento di bambini e ragazzi per quanto riguarda le decisioni sportive. Un secondo punto, apparentemente ovvio, è la necessità per i genitori di "distaccarsi emotivamente", non identificarsi nei figli, ma riconoscere loro il diritto di vivere la propria esperienza da protagonisti, non in funzione delle attese e dei desideri dei genitori; come diretta conseguenza, è fondamentale non vincolare mai le congratulazioni o il supporto, al risultato. Nella tensione alla bravura e al compiacimento, i bambini e i ragazzi che rincorrono i sogni dei genitori non imparano a conoscersi, non imparano a capire veramente quello che vogliono, perché troppo abituati ad obbedire o ad accontentare gli altri. Nella misura in cui gli adulti vivono serenamente l'esperienza sportiva attribuendole un valore adeguato, i ragazzi saranno sereni e godranno delle opportunità a disposizione. Diversamente, quando gli adulti sono molto competitivi e spingono forzosamente al risultato, qualche cosa si incrinerà: i bambini si sentiranno perdenti e sotto pressione.

I genitori dovrebbero saper garantire un clima relazionale che induca i figli a raccontare spontaneamente, e, nel caso, informarsi sulla qualità generale dell'esperienza («Ti sei divertita?»; «Avete giocato bene?»), piuttosto che sull'esito. Coerentemente, quando parlano delle prestazioni, i genitori dovrebbero mettere in luce i margini di miglioramento realizzati sul piano atletico, tecnico, sociale, personale piuttosto che quelli ancora da colmare («È vero, hai fatto ancora un tempo non eccelso, ma questa volta avevi la giusta andatura e hai saputo dosare le tue forze per tutto il giro di campo»).

Nell'immediato di una gara/partita, i genitori dovrebbero (Cantoia, 2010; Sask, 2011):

1. stimolare il bambino a raccontare la parte della competizione che ha preferito e le emozioni ad essa correlate, al fine di sostenere la costruzione di una buona immagine di sé;
2. gratificarlo in modo realistico, riconoscendo la sua capacità di distinguere una performance buona da una mediocre. Mettere in luce un aspetto del suo

comportamento in campo che si è particolarmente apprezzato, evitando complimenti generici che non aiutano a focalizzare le strategie e le azioni da ripetere nel tempo;

3. in caso di sconfitta, non incentivare o avvallare la colpevolizzazione dei compagni, degli allenatori o degli organizzatori, ma insegnargli ad assumersi la propria parte di responsabilità e a ricostruire correttamente gli eventi, senza scuse o pretesti;

4. sempre in caso di sconfitta/insuccesso, non minimizzare l'importanza dell'evento sportivo o della prestazione: un giovane atleta deve imparare a confrontarsi anche con le emozioni negative e la frustrazione, senza contare che, a prescindere dal risultato, potrebbe aver investito molto nella prestazione sul piano personale o di gruppo.

È importante che i genitori condividano le esperienze sportive dei propri figli, tuttavia, il supporto genitoriale può essere agito in forme diverse, con sfumature peculiari tra i due genitori e con modalità che non richiedono necessariamente la presenza fisica o costante agli eventi sportivi. La condizione di base è che si attribuisca sempre il giusto valore ai risultati, così come alle prestazioni dei propri figli, perché i bambini hanno bisogno dello sguardo di approvazione dei genitori, per riuscire a dare valore alle proprie azioni. Tra i consigli "non tecnici" più utili, un genitore può stimolare il proprio figlio a:

- mettersi in gioco, provare;
- scoprire e perseguire i propri desideri con l'impegno necessario (nessun successo è gratuito o causale);
- non temere di sbagliare o di fare brutte figure, perché l'importante è impegnarsi e dare il meglio;
- trarre soddisfazione e divertimento dall'attività in sé, indipendentemente dai risultati;
- avere fiducia in sé, conoscersi, capire la differenza tra impegno e ostinazione (il ri-orientamento sportivo);

- capire che una vittoria è il frutto di più ingredienti: impegno, fatica, lavoro di squadra, controllo emotivo, conoscenza tecnica, ma anche un pizzico di fortuna;
- capire che "vincere facile" non dà soddisfazione, meglio confrontarsi alla pari e capire quanto si è in grado di fare da soli, al massimo delle proprie forze;
- capire 'importanza dell'esercizio e di una vita sana e senza eccessi;
- essere sempre corretti verso sé stessi e verso gli altri.

5.5. Differenze di genere nello sport

Ancora oggi, gli stereotipi di genere sullo sport sono molto diffusi. I passi in avanti rilevati negli ultimi anni possono essere ascritti principalmente ad interventi normativi che hanno permesso l'avvio di graduali cambiamenti culturali. È il caso, ad esempio, del Titolo IX degli emendamenti dell'Educazione, promulgato in America il 23 giugno 1972 per arginare le discriminazioni di genere nella partecipazione a programmi educativi o attività finanziate da enti pubblici. Questa legge ha aperto la strada ad una notevole evoluzione nella concezione dell'accesso femminile allo sport nelle scuole (accettazione sociale) e alle relative politiche di sostegno (strutture, finanziamenti, risorse, borse di studio, ecc.).
Sul fronte europeo, esiste dal 1987 la «Risoluzione delle Donne nello Sport» del Parlamento Europeo e, nel 2007, il Trattato di Lisbona ha attribuito all'Europa ulteriori competenze nel settore sportivo. Nel dicembre del 2013, in occasione della conferenza di Vilnius (Lituania), la Commissione Europea è tornata ad affrontare il tema della parità di genere nello sport, chiamando a presenziare anche le grandi istituzioni sportive (ad esempio, il Comitato Olimpico Internazionale, il Comitato Paraolimpico Internazionale e la Uefa). I lavori della conferenza avevano l'obiettivo di superare discriminazioni e molestie nel mondo dello sport e di varare strategie per incrementare la presenza femminile sia nei ruoli dirigenziali, sia nello sport a tutti i livelli, entro il 2020. In quell'occasione, la *Commissione per*

l'istruzione, la cultura, il multilinguismo e la gioventù della Commissione Europea è stata chiamata a rendere operative tutte le normative già disponibili, come ribadito ancora nel Work Plan for Sport dell'Unione Europea (EURlex, 2014) che ha nuovamente riportato l'attenzione sulle «raccomandazioni del gruppo di esperti o principi guida sulla parità di genere nello sport». L'obiettivo della conferenza di Vilnius è ambizioso, come si può evincere dalla sfida di assegnare entro il 2020 il 40% dei posti dirigenziali nello sport alle donne.

A livello di senso comune, la strada della parità è ancora lunga e, come ogni cambiamento culturale, richiede una metabolizzazione nelle azioni della quotidianità. In questo senso, alcuni segnali positivi sono già stati registrati: bambini e bambine inizierebbero la scuola primaria con credenze e interessi influenzati da stereotipi di genere, ma le successive esperienze scolastiche ed extra scolastiche mitigherebbero queste convinzioni, al punto di registrare degli andamenti invariati fino all'età dell'adolescenza (Fredricks & Eccles, 2002).

Il fatto che a livello di senso comune lo sport continui ad essere considerato un'attività primariamente più maschile, può essere letto anche alla luce della tendenza a maggiori aspettative irrealistiche circa le proprie abilità tipiche dell'infanzia maschile, a confronto di una maggior sensibilità al fallimento e ad autovalutazioni più realistiche da parte delle bambine (Fredricks & Eccles, 2002).

Differenze di genere sono ancora radicate non solo nella partecipazione diretta allo sport, ma anche nei ruoli di accudimento dei giovani atleti. È il caso dell'interpretazione del ruolo genitoriale in relazione alla scelta dello sport e al modo in cui questa esperienza viene vissuta. Il discorso è particolarmente evidente quando riferito alla figura paterna. Oggi lo sport permette ancora di conciliare due diverse visioni: da una parte il nuovo modello sociale di "padre coinvolto", dall'altra, l'idea che lo sport sia il contesto che permetta la trasmissione di un patrimonio di identità, valori e tradizioni culturali tipicamente maschili, legati per lo più all'immaginario della competizione, della forza e dell'aggressività (Messner, 2001; Coakley, 2006;

Harrington, 2006; Trussell, 2009). La partecipazione alle attività sportive dei figli rappresenta per i padri la possibilità di muoversi su un terreno nel quale si sentono a proprio agio, sanno come muoversi e rispetto al quale possono proporsi ai propri figli come "esperti" (Marsiglio, Roy & Fox, 2005; Coakley, 2006). Il fatto che lo sport sia inteso come pietra miliare nell'educazione dei maschi e nella definizione del loro status nel gruppo dei pari, spiega perché molti padri siano più coinvolti nello sport dei figli maschi, piuttosto che nelle attività delle figlie (Messner, 2001; Shakib & Dunbar, 2004; Fredricks & Eccles, 2005; Trussell, 2009), vi sono tuttavia padri che promuovono lo sport come occasione di equità tra i generi, andando oltre le visioni più tradizionali (Coakley, 2006).

Such (2006) ha messo in luce come l'immaginario sociale sulle diverse discipline sportive risponda di fatto ad aspettative e istanze socioculturali che, a loro volta, si rifanno a particolari ideologie sulla paternità. In questo senso, la scelta dello sport sarebbe legata anche al modello assunto, distinguendo tra (Such, 2006):

- "etica della cura": modello tipicamente materno che si realizza nell'"essere lì per i bambini", nel senso della cura e del supporto;
- "genitorialità basata sul tempo libero": si tratta di un modello tipicamente maschile che, nel contesto sportivo, si traduce nell'"essere con i bambini", in modo attivo e partecipativo, spesso con un diretto coinvolgimento nell'organizzazione e gestione dell'attività sportiva (padri allenatori, padri autisti, ecc.). Per alcuni padri, lo sport rappresenta una sorta di esperienza simbolo, un "passaggio di consegne" generazionale da padre a figlio (Marsiglio, Roy & Fox, 2005); per altri, rappresenta invece un riscatto, un'occasione per non replicare modelli inadeguati di paternità agiti dai propri padri, o di provvedere esperienze positive ai propri figli (Brannen & Nilsen, 2006; Harrington, 2006). In questi casi, l'occasione dello sport può essere vissuta come impegno, "dovere" genitoriale, spesso condotto a scapito dei propri spazi personali (Shaw & Dawson,

2001; Shaw & Dawson, 2003), un "tempo libero intenzionale" (*purposive leisure*) che rappresenta "un'attività che è pianificata, facilitata ed eseguita dai genitori al fine di raggiungere uno specifico obiettivo a breve-lungo termine" (Shaw & Dawson, 2001, p. 228).

6. LO SPORT IN ADOLESCENZA
Lucia Colombo

L'adolescenza costituisce una fase del ciclo di vita umano in cui si verifica il passaggio dalla condizione di bambino a quella di adulto. Si tratta di una fase ricca e cangiante che, utilizzando il contributo di Palmonari (2001), può essere definita come periodo in cui si verificano, nella persona, dei cambiamenti profondi e radicali, riguardanti il corpo con la sua maturazione biologica, la mente e lo sviluppo cognitivo, la sfera affettiva e delle relazioni sociali. Quanto delineato può indurre a pensare che l'adolescente si caratterizza per ciò che è *in fieri*. In realtà sempre Palmonari (2001) ricorda che egli è a pieno titolo una persona che partecipa attivamente al mondo in cui è inserito: gli adolescenti, quindi, sperimentano, propongono, producono cultura e sono una risorsa per la comunità (Bonino, Cattelino & Ciairano, 2007).

Trattandosi di una fase del ciclo di vita ci si chiede quali siano i suoi confini temporali e, a questo riguardo, se è facile individuarne l'inizio non è altrettanto semplice stabilirne il termine. Il punto di partenza viene fatto coincidere con la pubertà che, rispetto al passato, è anticipata e comprende l'arco temporale che va dai nove-dieci ai tredici-quattordici anni. Si avrebbe, in seguito, la preadolescenza, tra gli 11-14 anni, e successivamente l'adolescenza che orientativamente giunge fino ai 18-19 anni. Essa si concluderebbe quando la persona è in grado di stabilire rapporti significativi con un'altra persona e con l'ambiente circostante.

Nella società odierna si evidenzia un innalzamento dell'età in cui si lascia la famiglia e si intraprende una vita autonoma, entrando così nella condizione adulta; l'adolescenza sembra allora concludersi anche quando non si è acquisita una indipendenza economica. Si può così pensare ad un percorso che non è lineare ma caratterizzato da numerose transizioni che connotano il passaggio dalla fase dell'adolescente a quella del giovane adulto per poi procedere con una ulteriore transizione dal giovane adulto all'età adulta (Marta & Lanz, 2012).

6.1. Uno sguardo all'adolescenza nel ciclo di vita: i compiti di sviluppo

La prospettiva *life span* ci ricorda che le fasi cruciali dello sviluppo, in cui si hanno le transizioni, presentano difficoltà da affrontare proprio specifiche di quel momento: si tratta dei "compiti di sviluppo". Havighurst (1952) li definisce come compiti che si presentano in uno specifico periodo della vita e richiedono di essere risolti; se ciò avviene positivamente si determina felicità e riuscita nell'affrontare i problemi successivi, in caso contrario ne conseguono infelicità, disapprovazione sociale e difficoltà nel fronteggiare i compiti seguenti. Havighurst (1952) ha stilato una lista di dieci compiti che l'adolescente deve affrontare, ritenendo però peculiare la ricerca della identità; inoltre ha riconosciuto che alcuni compiti sono universali, altri specifici di una sola società. Secondo Palmonari (2001) sono da annoverare tra gli universali i compiti di sviluppo in rapporto con: la pubertà e le pulsioni che si attivano con essa, l'acquisizione del pensiero ipotetico deduttivo, l'ampliamento degli interessi personali e sociali e la tematica dell'identità,
Vediamoli in modo più approfondito in quanto peculiari dell'adolescenza e in relazione anche con l'attività sportiva.

6.1.1. *Pubertà, pulsioni e corpo: dal nuovo schema corporeo alla mentalizzazione del corpo*
Uno dei primi compiti di sviluppo che l'adolescente deve affrontare riguarda l'elaborazione di una nuova immagine del proprio corpo (Palmonari, 1997). Le trasformazioni somatiche sono profonde, interessano lo sviluppo sessuale, morfologico e la crescita; la notevole forza muscolare acquisita porta a comportamenti energici ed esuberanti, mentre lo sviluppo diseguale delle diverse parti del corpo può indurre a pigrizia motoria in contrapposizione alla intraprendenza che aveva

caratterizzato la fanciullezza. I cambiamenti a livelli fisico (spalle che si allargano, allungamento di braccia e gambe, modificazione del timbro di voce, comparsa di caratteri sessuali secondari) sfuggono al controllo dell'adolescente e cambiano il suo schema corporeo. Questo cambiamento è necessario dopo le trasformazioni che ha generato la pubertà ma non va confuso con un altro processo: quello della costruzione di una nuova immagine mentale del corpo adolescenziale. L'immagine del corpo appartiene al sistema simbolico immaginario per cui ‹‹il corpo è oggetto di investimento affettivo e la sua immagine è il prodotto di questo investimento affettivo›› (Pietropolli Charmet, 2000); fino a quando il corpo non viene mentalizzato l'adolescente vivrà una distonia tra corpo e mente, gli stessi segnali corporei non saranno letti adeguatamente e anche le risposte fornite non saranno adatte ai bisogni sperimentati (Pietropolli Charmet, 2000).

6.1.2. *Un nuovo modo di ragionare: il pensiero ipotetico-deduttivo*

Seguendo l'insegnamento piagetiano è nel periodo compreso tra gli 11-14 anni che il pensiero diventa di tipo operatorio formale, ossia il ragazzo riesce a compiere delle operazioni senza ricorrere a dati concreti o a rappresentazioni mentali degli stessi (Confalonieri & Grazzani Gavazzi, 2002). La capacità di ragionare su ipotesi si consolida nell'adolescenza e il pensiero formale si caratterizza così per la sua natura ipotetico-deduttiva e proposizionale. Nel primo caso avremo che l'adolescente scopre il reale a partire dal possibile e le possibilità costituiscono una serie di ipotesi che si possono confermare o smentire. Le ipotesi smentite vengono scartate, invece quelle confermate diventano, da possibili, a reali. Si adotta un modo di procedere dello scienziato in cui alterno induzione e deduzione. La natura proposizionale del pensiero formale fa sì che l'adolescente manipoli non solo dati di realtà ma anche proposizioni che si riferiscono ai dati fenomenici: egli, quindi, elabora e comprende concetti astratti. Le ricerche post piagetiane hanno poi riconosciuto come questo nuovo modo di ragionare porta a un disaccordo tra gli adolescenti che è benefico in quanto «attiverebbe un modo di funzionamento del pensiero di tipo dialettico intra-individuale, una sorta di dialogo cognitivo interno attivato dalla discussione con l'altro» che determina anche un ampliarsi della discussione all'esterno in modo da favorire la ricerca di punti di accordo tra i soggetti (Confalonieri & Grazzani Gavazzi, 2002). Anche la discussione con l'allenatore dopo la partita, le riflessioni e condivisioni sul tipo di gioco svolto, le azioni compiute, le possibili azioni che si sarebbero dovute attuare sono esperienze in cui l'adolescente utilizza un nuovo tipo di pensiero e nel confronto con l'altro si promuove una costruzione condivisa della conoscenza che genera soddisfazione.

6.1.3. *Dalla famiglia al gruppo dei pari*
Per avviare un effettivo processo di emancipazione diventano necessari all'adolescente i processi di individuazione e separazione mediante i quali coglie le differenze che esistono tra lui e le figure genitoriali ed inizia così una identificazione con altre figure tra le quali assumono un ruolo centrale e vitale i pari. Pietropolli Charmet (2000) ritiene che il "debutto sociale" vede una sua modificazione nel tempo: abbiamo, infatti, prima l'amico/a del cuore, poi il piccolo gruppo di amici dello stesso sesso, successivamente il grande gruppo dell'adolescenza matura per giungere al partner della coppia amorosa. Ogni momento ha le sue peculiarità e funzioni. L'amico/a del cuore è un legame a due, costituito da soggetti dello stesso sesso e che ha un forte valore etico: all'amico si chiede infatti condivisone, riservatezza, lealtà e capacità di mantenere i segreti (Pietropolli Charmet, 2000; 2010). I bisogni a cui risponde l'amicizia diadica si riferiscono (Petter, 1990) a conservare o trovare un senso di sicurezza (trovare qualcuno con cui allearsi nei confronti dell'adulto); avere l'opportunità di confidarsi in un rapporto alla pari; trovare un modello, un ideale a cui ispirarsi; inoltre, nella prospettiva dei compiti di sviluppo, assolve alla funzione di attuare il processo di separazione dall'infanzia e preparare alla relazione amorosa (Pietropolli Charmet, 2000; 2010). Prima di giungere a questa relazione troviamo la significativa esperienza dei gruppi spontanei (informali) costituiti da soli maschi o sole

femmine. Questi gruppi presentano profili molto diversi: nei maschi è forte il desiderio di esplorare e sfidare (si pensi alle uscite in motorino senza un obiettivo preciso, a gare di velocità con la bicicletta), agire, sperimentare e ciò anche in seguito al notevole sviluppo fisico-corporeo conseguito. Mentalizzare questo corpo muscoloso e forte non richiede tanto le parole quanto l'azione e il gruppo ci lavora alacremente con sfide, lotte, gare e anche con lo sport. Nelle femmine invece è marcata l'esplorazione del mondo interno, della femminilità e generatività; avendo, quindi, più novità corporee da rappresentare ne deriva maggiore lavoro mentale e quindi più simboli, più parole, più relazioni, un lavoro intrapsichico intenso. Pur nelle differenze, il gruppo monosessuale svolge un sostegno ai compiti di sviluppo in quanto offre supporto affettivo rispetto alla separazione dalla "nicchia affettiva primaria" (Pietropolli Charmet, 2000). Un ulteriore passo per effettuare la separazione si ha quando gli adolescenti confluiscono in un grande gruppo eterosessuale che permette di conoscere meglio sé e gli altri e apprendere nuovi comportamenti e atteggiamenti; infatti, stando nel gruppo si fanno esperienze diverse - cene, gite, feste - e l'adolescente sperimenta nuovi ruoli e costruisce legami sentimentali. Questi legami danno origine alla coppia amorosa che può rimanere nel gruppo oppure, in alcuni casi, separarsi da esso: in ogni caso la formazione della coppia amorosa costituisce un compito evolutivo particolarmente impegnativo per l'adolescenza e risponde alla funzione di promuovere l'autonomia, incrementare la consapevolezza dell'identità sessuale e coniugare elementi di tenerezza e sensualità (Confalonieri & Grazzani Gavazzi, 2002). Tutti questi diversi legami tra pari concorrono al completamento del processo di socializzazione e di costruzione dell'identità di genere.

6.1.4. *L'acquisizione dell'identità*
Erikson (1982), Marcia (1980) e il contributo più recente di Crocetti e collaboratori (2008) sono gli autori che ci guideranno nell'analisi di questo affascinante tema: l'acquisizione dell'identità in adolescenza. Erikson (1982) guarda allo sviluppo umano considerando i processi biologici, psichici e sociali: il suo

modello evolutivo è quindi psicosociale e in ogni stadio dello sviluppo si ritrova un "dilemma psicosociale", scaturito dalla relazione individuo/ambiente, che si deve superare per avere un processo di crescita. Per l'adolescente il dilemma è tra identità e confusione d'identità; quando si è giunti al termine dell'adolescenza si dovrebbe possedere una consapevolezza maggiore e più articolata della propria identità e delle sue caratteristiche che Erikson (1982) individua in: continuità e coerenza. Si avrà così che l'adolescente riconosce una continuità interna anche se vive esperienze discontinue; sperimenta reciprocità, vi è una corrispondenza sostanziale tra l'immagine che possediamo di noi stessi e quella percepita dagli altri; possiede libertà ed accettazione dei limiti, si è consapevoli dei propri limiti ma questo non interferisce con la nostra libertà di scelta; avverte una destinazione, ha rappresentazioni di sé e del proprio progetto di vita realistiche. Se l'adolescente non riesce a superare le ambiguità che incontra acquisirà una identità confusa con conseguente confusione dei ruoli sociali e relativo senso di inadeguatezza rispetto alle richieste della vita. I processi attraverso cui si forma un senso coerente e definito della propria identità sono, per Erikson (1982) e Marcia (1980), l'esplorazione e l'impegno. L'esplorazione porta a confrontarsi e sperimentare diversi tipi di identità, così l'adolescente si appassiona a diversi generi musicali, pratica diversi sport, segue mode contrastanti tra loro. L'evento critico che dà l'avvio all'esplorazione è costituito dai cambiamenti specifici del periodo adolescenziale che obbligano il ragazzo a cercare, concludendo il processo con ‹‹la integrazione tra elementi nuovi e caratteristiche precedenti della persona e l'attore sa (e può) assumere un impegno preciso nei confronti dei significati, dei valori, delle prospettive di comportamento caratterizzanti il nuovo equilibrio›› (Palmonari, 1997). Soltanto allora si può parlare di acquisizione dell'identità e ci si potrà impegnare verso una direzione definita. Anche per Marcia (1980), rispetto al processo di formazione dell'identità, gli individui si possono trovare in diverse condizioni. Egli ne individua quattro: quando dopo un periodo di esplorazione ci si impegna nelle scelte effettuate, avremo l'identità stabile; se l'individuo non ha ancora definito gli esiti delle esplorazioni e, di conseguenza, l'impegno è in condizione di moratoria, la condizione è di identità differita; se la persona non ha sfruttato appieno il tempo dell'esplorazione e ha assunto precocemente una identità ci si trova ad avere preclusione di identità; infine, si ha identità dispersiva quando le esplorazioni sono state innumerevoli ma superficiali e non si è avuto impegno verso alcuna alternativa.

Il modello di Marcia (1980) è stato rivisto da Crocetti e collaboratori (2008) che hanno approfondito l'aspetto processuale della formazione del sé e propongono un modello di identità a tre fattori, centrato sulle dinamiche con cui gli adolescenti valutano e rivedono la loro identità nel tempo. Nel modello abbiamo: impegno, esplorazione approfondita e riconsiderazione dell'impegno, essi sono considerati processi identitari critici. L'impegno riguarda la capacità di adottare scelte durevoli, l'esplorazione in profondità rappresenta la misura in cui gli adolescenti pensano agli impegni assunti, riflettono sulle loro scelte e parlano di sé agli altri, la riconsiderazione dell'impegno si riferisce al confronto tra gli impegni assunti e le possibili alternative qualora gli impegni attuali non siano più soddisfacenti.

La costruzione dell'identità, anche se conseguita in adolescenza, è comunque un processo che ci accompagna, con diversi aggiustamenti, per tutta la vita. Avremo, quindi, molteplici transazioni, cioè sequenze di interazioni, tra la persona e il suo ambiente di vita; ogni transazione può essere adeguata, e quindi portare al consolidamento dell'impegno della persona, oppure non adeguata, e quindi generare un conflitto che, a sua volta, si può risolvere con successo oppure con un fallimento o ancora con un cambiamento. Questo evidenzia come sia complesso il processo di acquisizione dell'identità (Palmonari, 1997).

6.2. L'adolescenza incontra lo sport

Lo sport in adolescenza si può considerare la continuazione del gioco infantile; però, a differenza di quest'ultimo, presenta caratteristiche più strutturate oltre ad avere finalità diverse

(Giovannini & Savoia, 2002). Guardando, infatti, allo sport secondo una prospettiva psicologica si riconosce come esso sia uno strumento per favorire l'esplorazione della identità, attuare processi di riflessione su di sé, organizzare il proprio tempo e favorire le competenze sociali: un mezzo, quindi, per acquisire uno sviluppo armonico della personalità (Gozzoli, 2005). Particolarmente pregnante in adolescenza sembra essere il legame che intercorre tra sport e sé corporeo, identità, autoefficacia, resilienza e gruppo dei pari.

6.2.1. *Sé corporeo e immagine del corpo*
Il sé corporeo è dato dalla percezione che abbiamo del nostro corpo. Nel modello di Shavelson e Marsh (1986) si caratterizza per due aspetti: l'abilità fisica, ossia la percezione che il nostro corpo ha dell'attività fisica, e l'apparenza fisica, riguardante la percezione che il nostro corpo sia più o meno attraente. Questo è un tema che sta molto a cuore all'adolescente che vive una feroce paura, quella di "essere brutto". Il dolore mentale che ne deriva è molto forte e per risolverlo si può ricorrere a modalità di manipolazione violenta del corpo. Pietropolli Charmet (2013) ne individua tre: un attacco al corpo con modalità autolesionistiche, per cui l'adolescente si taglia, scotta o espone il corpo a incidenti e traumi; un ritiro sociale grave, per cui ci si isola da tutto e da tutti e si vive chiusi in camera, spesso dediti solo ad attività virtuali; un investimento sul cibo che va dall'anoressia alla bulimia. Quando, invece, l'adolescente collauda le nuove competenze, ad esempio con l'allenamento sportivo, acquisisce nuove abilità; manipola il corpo senza aggredirlo, ad esempio con il tatuaggio o il piercing; lo presenta sulla scena sociale dopo lunga preparazione, si pensi al trucco, alla pettinatura, all'abbigliamento. Allora, dopo un lungo percorso, il corpo entra a fare parte del sé e non vi è più il rischio che diventi bersaglio dei conflitti mentali. La pratica sportiva può quindi dare il suo contributo a questa costruzione ma, nello stesso tempo, l'allenatore può anche determinare una situazione traumatica, ad esempio promettendo grandi successi sportivi futuri, tale per cui vi è una mortificazione del sé sportivo e nel caso di adolescenti con "fragilità narcisistica" si innescano

umiliazione e mortificazione che ‹‹inducono alcuni ragazzi a rinunciare alle sfide e ai confronti inevitabili per imparare a crescere e soddisfare le proprie interne esigenze evolutive›› (Pietropolli Charmet, 2013)

Molte ricerche (Manzi e Gozzoli, 2009) hanno dimostrato che la pratica sportiva si associa positivamente a una migliore percezione del sé corporeo; inoltre, negli atleti avere una migliore percezione del sé corporeo si correla a una maggiore motivazione a continuare la pratica sportiva ed essere più costanti negli allenamenti. Sulla concezione del sé corporeo svolge un ruolo rilevante anche il confronto sociale e l'azione dei gruppi. Atleti che si trovano in gruppi dove il livello di abilità corporea è molto elevato, possono subire un peggioramento rispetto alla percezione del proprio sé corporeo da cui ne deriva un calo della motivazione con rischio di abbandono dell'attività. Questo tipo di esperienza non è insolita con adolescenti che passando di categoria si trovano a doversi confrontare con atleti che hanno capacità fisiche migliori. Peculiare è qui il ruolo dell'allenatore che attraverso l'incremento del senso di appartenenza svolge un'azione di sostegno alla motivazione.

6.2.2. *Il ruolo dell'attività sportiva nello sviluppo dell'identità*

Come hanno argomentato Manzi e Gozzoli (2009), l'attività sportiva contribuisce in modi diversi allo sviluppo dell'identità. Essa, infatti, può favorire l'esplorazione di nuove possibilità motorie facendo così sperimentare una migliore percezione del corpo, oltre che una maggiore conoscenza di sé e un potenziamento dell'autostima.

Inoltre, lo sport ha una dimensione progettuale (si pensi ad esempio alla stagione, al campionato) che richiama la capacità di stabilire obiettivi, dare continuità alle azioni e attuare prese di decisione. Non va dimenticato che lo sport suscita forti emozioni con la relativa possibilità di gestirle in modo appropriato: troviamo la gioia, per prestazioni buone e vantaggiose per sé e per gli altri, oppure la paura, quando si teme di commettere errori o la rabbia, dopo delusione e insuccessi. Infine, lo sport richiama esperienze relazionali: ecco, quindi, l'opportunità di lavorare sulle competenze sociali e la gestione di processi collaborativi e competitivi. L'attività agonistica costituisce una palestra in cui la messa in gioco di sé a livello individuale e sociale contribuisce con altre esperienze, si pensi alla scuola e ai gruppi informali, all'acquisizione della identità.

6.2.3. *Io posso, noi possiamo: l'autoefficacia personale e collettiva*

Ogni periodo dello sviluppo porta con sé sfide che vedono attivata la propria capacità di far fronte a nuove richieste; l'adolescenza, come fase di transizione verso il mondo adulto, non è esente da queste sfide che possono, però, essere affrontate con maggiore o minore successo, anche in relazione alle credenze che si posseggono circa le proprie capacità (Ciairano, 2008).

L'*autoefficacia o self-efficacy* è stata teorizzata da Bandura e consiste nel sistema di credenze che ciascuno ha circa le proprie capacità di padroneggiare con successo determinate attività in specifiche situazioni. La stessa persona può, quindi, ritenere di gestire molto bene alcune situazioni (la partita o la gara) ma non altre (le interrogazioni scolastiche). Da questo si coglie che non siamo in presenza di una predisposizione innata o di un tratto stabile ma di una capacità autoregolativa che si sviluppa e modifica nello scambio tra individuo e ambiente. Ecco allora che lo sport, come pratica gestita e organizzata, può favorire esperienze di autoefficacia, ossia la convinzione della propria capacità di imparare o eseguire delle abilità motorie e/o dei compiti sportivi per raggiungere un certo risultato. L'allenatore può incrementare l'autoefficacia degli adolescenti, non solo per migliorare la prestazione ma anche per favorire il benessere, agendo su alcune fonti che, ci insegna Bandura (2000), sono: l'esperienza diretta, l'esperienza vicaria, la persuasione verbale e l'analisi dell'attivazione fisiologica e delle emozioni. Mediante l'esperienza diretta si vivono esperienze di successo in attività di crescente difficoltà e ciò fortifica l'autoefficacia percepita (si pensi ad una partita vinta, un allenamento in cui la prestazione del giocatore era ottima): tutto questo accresce il senso di padronanza e di controllo dell'attività e porta a pensare che in futuro si riuscirà nello stesso compito. Al contrario, le esperienze di insuccesso, se continuative nel tempo, possono indurre ad investire sempre meno ed anche abbandonare una attività o una prestazione sportiva. Questo legame tra esperienza e autoefficacia si realizza appieno quando c'è un momento di riflessione, spontanea o guidata, in cui si ripensa a ciò che si è realizzato e le capacità messe in campo rispetto a quella specifica situazione (Steca & Militello, 2009). Le convinzioni di efficacia si originano anche dall'aver visto affrontare con successo un compito (esperienze vicarie): quindi, non si esegue direttamente ma si osserva il comportamento di altri significativi che svolgono l'azione di "modello". Questa osservazione è tanto più efficace quanto più il modello è percepito come competente, simile all'osservatore e le azioni e le strategie che portano a buoni risultati sono chiare. Pensiamo all'importanza che compagni più grandi o l'allenatore stesso hanno nel favorire l'esperienza vicaria in adolescenza in quanto sono figure che con le loro abilità e competenze diventano anche modelli con cui identificarsi. La terza fonte di autoefficacia percepita è la persuasione verbale: di fronte a difficoltà e ostacoli le esortazioni circa la nostra possibilità di riuscita ci spronano a metterci alla prova, a perseverare. Questo accade, soprattutto, quando le persuasioni verbali provengono da persone che stimiamo; se però esse sono negative diventano un agente di indebolimento delle nostre prestazioni. Nello sport, l'allenatore è una guida e per gli adolescenti la persuasione verbale che egli esercita è un mezzo molto potente che agisce sulla percezione di autoefficacia. L'ultima fonte di autoefficacia è quella inerente l'analisi delle nostre emozioni e dello stato di attivazione fisiologica che Bandura ritiene essere la fonte più debole in quanto l'influenza dell'attivazione fisiologica è mediata notevolmente dalla percezione e interpretazione personale che ne diamo e quindi dallo specifico vissuto emotivo che ricaviamo. In campo sportivo le informazioni fisiologiche attengono alle condizioni di forma, fatica e dolore, che vengono ad assumere maggiore rilevanza rispetto a compiti privi di componenti fisiche. Si è dimostrato che nei giovani atleti vi è la tendenza a concentrarsi su questi segni di disagio fisico e interpretarli come indicatori di capacità inferiore anziché come aspetti della prestazione fisica soprattutto in sport di resistenza e forza.

Gli studi sull' autoefficacia percepita nello sport (Pajares & Urdan, 2005; Steca & Militello, 2009) hanno ampiamente dimostrato l'influenza positiva che essa ha sia sul buon funzionamento del giocatore, nelle diverse fasi di gara, preparatoria e allenamento, sia sul benessere personale, in particolare sul gestire meglio le emozioni e le relazioni con i compagni e l'allenatore. Guardando agli adolescenti risulta che (Pajares & Urdan, 2005): le convinzioni di autoefficacia sono un aspetto importante che agisce sulla motivazione nello sport in quanto influiscono sulla scelta dei compiti, sull'impegno prodigato e sulla costanza; predicono inoltre l'adozione e l'esecuzione delle attività connesse all'esercizio fisico; i *feedback* verbali caratterizzati da lodi, incoraggiamento e sostegno, sviluppano negli adolescenti senso di sicurezza e capacità nella pratica sportiva; il *feedback* valutativo proveniente dall'allenatore e dai pari assume sempre maggior rilievo mentre quello dei genitori assume minore importanza; le aspettative degli allenatori si trasmettono anche con messaggi sottili, che vengono ben percepiti dai ragazzi e possono essere rilevanti per i giudizi di efficacia personale. Le convinzioni di autoefficacia sono predittori dell'intenzione di fare attività sportiva; quindi, è possibile che quando i giovani si sentono sicuri delle loro capacità di svolgere una data attività sportiva, nonostante gli ostacoli, hanno maggiore probabilità di praticarla effettivamente; anche per i giovani, come per gli adulti, si verifica che a fronte di insuccessi o infortuni chi ha alta efficacia si riprende più rapidamente dalle delusioni e ha tempi di recupero minori.

Oltre all'efficacia individuale vi è anche una *efficacia percepita collettiva* che riguarda la capacità del gruppo di organizzare e mettere in atto tutte le azioni necessarie per riuscire a funzionare al meglio, realizzando così buone prestazioni e favorendo un clima positivo (Steca & Militello, 2009). Questa convinzione trova origine, in parte, nell'efficacia personale, perché solo laddove gli individui hanno fiducia nelle capacità personali ne potrà derivare una forte fiducia rispetto al gruppo. Questo però non è sufficiente ma si richiede anche di operare insieme per obiettivi comuni: pertanto, parte preponderante dell'efficacia collettiva risiede nelle percezioni che i singoli hanno delle abilità e prestazioni altrui, cioè di quanto ciascuno sia effettivamente capace di adempiere ai compiti del suo ruolo. Convinzioni di efficacia personale e collettiva hanno funzioni analoghe; infatti, entrambe influenzano le decisioni che si prendono rispetto a scopi comuni, a piani e strategie che si perseguono per conseguire obiettivi condivisi, alla tenacia per conseguire risultati che la squadra non consegue immediatamente. Esse sono accomunate da elevati gradi di specificità, per cui ritenersi efficaci nello sport non vuol dire esserlo anche nello studio o nella musica, così come considerare molto efficace la squadra in cui si gioca non equivale a considerare efficace un altro gruppo di cui si fa parte; l'efficacia è, quindi, sempre relativa a specifici ambiti e compiti. Gli studi sull'autoefficacia collettiva nello sport hanno evidenziato che essa è importante per garantire buon funzionamento collettivo e raggiungimento di prestazioni ottimali. Inoltre, le squadre con alta efficacia collettiva mostrano determinazione per conseguire i risultati, gestiscono meglio le tensioni emotive, condividono obiettivi comuni, reagiscono quando sperimentano sconfitte; al contrario, le squadre con bassa efficacia collettiva, dubitando delle proprie capacità, sono poco competitive, affrontano con fatica le tensioni emotive, faticano nel definire obiettivi comuni e nel perseverare per conseguirli. Indubbiamente anche l'allenatore riveste un ruolo cruciale nel potenziare l'efficacia collettiva e nel costituire la coesione di squadra, tra le quali esiste una influenza reciproca (Steca & Militello, 2009). Le convinzioni di efficacia maturano in seguito alle prime esperienze di padronanza della fanciullezza, ma è con l'adolescenza che si costruiscono e si stabilizzano, anche in seguito ad una maggiore autonomia dal nucleo familiare e all'ampliarsi degli interessi e delle esperienze. Importante è quindi l'accesso a nuove forme di esperienze, che concorrono allo sviluppo di un alto senso di autoefficacia e all'incremento di aspirazioni di realizzazione personale (Ciairano, 2008): le attività sportive condivise con i coetanei e gestite da professionisti costituiscono una grande risorsa al riguardo.

6.3. Non solo resistere: la resilienza.

Il termine resilienza trova la sua origine in fisica e sta ad indicare l'attitudine di un corpo a resistere senza rotture in seguito a sollecitazioni esterne brusche o durature di tipo meccanico (Devoto & Oli, 1971). Esso è stato successivamente traslato in ambito sociologico e psicologico per indicare la capacità degli individui ad adattarsi in modo positivo alle avversità; si tratta, quindi, di riuscire a resistere agli urti della vita senza spezzarsi o incrinarsi, riuscendo anche a potenziare le proprie capacità personali e sociali (Oliverio Ferraris, 2003). Non è, quindi, una resistenza passiva ma implica capacità costruttive individuali che permettono di riorganizzarsi.

In una prospettiva psico-educativa si sottolinea l'aspetto dinamico ed evolutivo del comportamento resiliente e si riconosce che vi sono progetti/intervento, esperienze, tra cui lo sport, e percorsi finalizzati a promuovere e sviluppare le capacità resilienti in ogni fascia di età. Le modalità per costruire resilienza si pongono a tre livelli (Moè, 2010): il primo, si riferisce al dare priorità alle relazioni affettive; quindi, percepire la vicinanza di altri, famigliari, amici o altre figure supportive che ascoltano, aiutano a elaborare e fronteggiare eventi negativi sostiene l'emergere di un senso di fiducia in sé alimentato dal sentirsi parte di un gruppo, di una comunità. Il secondo livello riguarda la percezione di autoefficacia e le aspettative. Sentire che si padroneggiano le situazioni, porsi obiettivi alti e realistici, impegnarsi per conseguirli aiuta a sviluppare un senso di competenza e appartenenza che incrementa la resilienza. Infine, il terzo livello riguarda il reale impegno profuso per uscire da una situazione problematica e difficile. Non va, poi, dimenticato che la resilienza si costruisce anche attraverso la capacità di esprimere emozioni positive in momenti problematici e di saper gestire le negative. Se decliniamo questi livelli nello sport cogliamo come esso costituisca un'esperienza per la resilienza in quanto: l'allenatore per l'adolescente può diventare un adulto significativo che offre sostegno e implementa la rete di relazioni adulte positive; è necessario porsi obiettivi raggiungibili e avanzare con costanza per conseguirli; si sviluppano competenze specifiche di uno sport e si esperisce la propria autoefficacia; si deve ricominciare dopo una sconfitta o un periodo difficile, magari utilizzando nuove strategie. Si può, quindi, sostenere che lo sport costituisce una esperienza che può contribuire a creare resilienza e rafforzare questa abilità vuol quindi dire implementare "fattori protettivi", contrapposti ai "fattori di rischio"; non solo, ma tra sport e resilienza esiste un meccanismo di retroazione per cui una agisce a vantaggio dell'altra.

Inizialmente, le ricerche si sono concentrate sul ruolo che la resilienza riveste nel praticare uno sport; in particolare, oggetto di indagine sono stati atleti professionisti con *performance* negative o che stavano effettuando riabilitazione dopo un infortunio. Si è così visto che, rispetto ai non resilienti, gli atleti resilienti, ossia dotati di un sé positivo, alta determinazione, supporto sociale e buone strategie di *coping*, riescono ad ottenere prestazioni elevate subito dopo una *performance* negativa (Mummery *et al.*, 2004). Altrettanto dicasi per i tempi di recupero dopo un infortunio: sono minori nei resilienti rispetto ai non resilienti. Un altro aspetto indagato concerne il legame tra resilienza e motivazione; si è infatti riconosciuto che la resilienza genera motivazione e la sostiene rispetto alla pratica sportiva (Trabucchi, 2012). Successivamente, si è passati ad interrogarsi sul ruolo che lo sport può giocare nello sviluppare la resilienza e qui le ricerche non sono molto diffuse. Castelli (2013) adottando un modello Ecologico-Sociale per lo sport, modello in cui la resilienza non viene riconosciuta solo come qualità individuale ma anche influenzata dal contesto socio-relazionale, ha approfondito come lo sport può favorire la resilienza in bambini e adolescenti in quanto: il gioco di squadra implica il confronto con l'altro e il saper condividere; è richiesta la capacità di reagire dopo una sconfitta; è necessario adattare e modificare i propri schemi di azione di fronte ad un avversario; si deve sottostare a regole non solo in campo ma anche fuori secondo quanto deciso dalla società sportiva. Utilizzando lo schema proposto da Moè (2010) inerente le forze su cui fare leva, e le relative modalità adottate, per costruire la resilienza, possiamo ricavare che lo sport in adolescenza diventa fonte di resilienza in quanto agisce su:

- dimensione sociale: la modalità è avere supporto dalla squadra, dall'allenatore, dai dirigenti e nel contempo avere un ruolo attivo nella squadra e nella società;
- aspetti di controllabilità: la modalità è sviluppare un senso di padronanza nelle situazioni, accettare le circostanze che non si possono cambiare, ad es. un compagno non molto abile;
- obiettivi: la modalità è porsi obiettivi realistici né troppo alti né troppo bassi;
- gestione delle emozioni: la modalità è sviluppare le modalità per gestire impulsi ed emozioni;
- auto accrescimento: la modalità è imparare dalle sconfitte, usare l'insuccesso come occasione per conoscersi;
- autostima: la modalità è sviluppare la fiducia in sé, avere persone intorno che credono nelle mie possibilità;
- prospettiva: la modalità è imparare da quanto fatto in precedenza, collocare l'evento all'interno di una stagione, del campionato;
- cura di sé: la modalità è riconoscere i propri bisogni;
- apertura: la modalità è aiutare gli altri, contribuire alla crescita del gruppo.

Da quanto sintetizzato si coglie come l'allenatore, unitamente a genitori, compagni di squadra e dirigenti societari diventano tutori di resilienza (Cyrulnik, 2009), che al pari del contesto socio-ambientale (palestre, oratori, centri sportivi) e delle attività proposte (vari tipi di sport) agiscono sia sull'individuo che sul clima in generale (Castelli, 2013).

6.4. Lo sport è pratica condivisa con i pari

Gli adolescenti afferiscono a due tipi di gruppi: formali e informali. I primi sono organizzati e strutturati, hanno precisi valori di riferimento e luoghi di ritrovo codificati e vedono la presenza di adulti significativi; ne sono un esempio i gruppi sportivi, i movimenti culturali, religiosi o politici. I secondi, invece, nascono spontaneamente e rientrano tra questi il gruppo degli adolescenti e la compagnia. I due tipi di gruppo hanno adesioni diverse, in genere i formali sono abbandonati in adolescenza, ma sono entrambi importanti. Lo sport può essere praticato a livello individuale, ad esempio tennis e nuoto, o di squadra, ad esempio calcio, ma in tutte e due le situazioni si fa parte di un gruppo in quanto si è all'interno di una società, gli allenamenti sono condivisi, la stessa gara pone ad un confronto con altri sportivi. Fare sport e approdare a un club sportivo in adolescenza costituisce un campo di confronto utile per conoscere aspetti nuovi di sé, soprattutto la propria forza fisica, la resistenza e il ruolo che si può acquisire in una squadra o all'interno della società sportiva, come si è già detto, sono aspetti che contribuiscono all'acquisizione dell'identità. Il gruppo rappresenta anche l'occasione di svolgere un'azione collettiva in cui dare spazio alla competizione che però viene disciplinata dalle regole del gioco stesso. In questo modo attraverso il gioco di squadra vi è una ritualizzazione dell'aggressività che viene controllata e gestita. Mantegazza (1999) ritiene che lo sport in adolescenza si caratterizza come rito con dimensioni educative e propone, a sostegno di questa visione, di usare coppie di opposti. Ci sembrano particolarmente interessanti le coppie "Gruppo versus Singolo", "Differenziazione versus Omologazione". Secondo la prima coppia, notiamo che nelle discipline definite di squadra la funzione socializzatrice dello sport è più visibile: qui il concetto di gruppo diventa sinonimo di squadra, esiste un "noi" contrapposto a un "voi" che è l'avversario, un dentro e un fuori ed il confine tra i due è ben definito. Esiste, però, anche il caso in cui si è fuori perché si è esclusi dalla formazione; allora, per l'adolescente non vi è la possibilità di esperire un rituale in cui identificarsi, non ci si sente membri effettivi del gruppo: se questo perdura, l'appartenenza collettiva si sbiadisce ed è alta la probabilità di abbandonare la squadra. Nella seconda coppia, si riconosce che all'interno di una squadra sportiva l'assegnazione dei ruoli e dei posti nello spogliatoio è importante per la differenziazione, mentre la divisa comune ricorda l'unità del gruppo e tende a favorire l'omologazione. Si crea così un equilibrio tra differenziazione intragruppo e omologazione rispetto all'*outgroup*, importante per il senso d'identificazione individuale e collettiva dell'adolescente.

In sintesi possiamo condividere con Giovannini e Savoia (2002) che lo sport è utile all'adolescente in quanto permette di divertirsi usando molta energia, è una occasione per scaricare la tensione accumulata in questa fase dello sviluppo, favorisce la conoscenza del proprio corpo e il senso di realtà, sostiene lo spirito di competizione e la tenacia per raggiungere la meta, favorisce lo sviluppo delle capacità cognitive e dell'intuito perché ci si deve adattare rapidamente alle situazioni, viene soddisfatto il bisogno di autonomia dalla famiglia e però, nello stesso tempo, si ha un rapporto con altri adulti significativi e con i pari.

Inoltre, costituisce un veicolo per favorire la resilienza e incrementare l'autoefficacia.

6.5. Lo sport in adolescenza: ... non solo luci

Si è più volte ribadita la funzione positiva che svolge lo sport ma sarebbe riduttivo dimenticare anche i rischi e le implicazioni negative che esso ha in adolescenza, soprattutto quando la figura dell'adulto competente non è presente oppure lo è ma risulta scarsamente preparata, oppure quando predomina l'agonismo o vi è una iper-specializzazione precoce. Giovannini e Savoia (2002) ricordano l'importanza di un "giusto approccio allo sport": in adolescenza in cui vi è equilibrio tra componente fisica e psicologica. Per l'allenatore è fondamentale possedere conoscenze di biologia, anatomia e medicina così da progettare programmi di allenamento adeguati perché se lo sport non è praticato correttamente può causare danni alla salute. Così se è vero che le gare offrono ai ragazzi la possibilità di misurarsi e confrontarsi, sarebbe dannoso coinvolgerli in gare che richiedono prestazioni superiori alle loro capacità, in quanto ne deriverebbe mortificazione e demotivazione. L'esperienza del successo è quindi importante ma è riduttiva l'equazione per cui la vittoria equivale al successo; il ragazzo che gareggia e dà il massimo delle proprie possibilità deve sentire la gara come un successo anche se non ha vinto. È allora necessario che il ragazzo possa valutare da solo e con una scala personale la propria prestazione e che questa valutazione venga considerata anche dagli adulti e dai coetanei. Un settore a sé riguarda gli adolescenti che praticano sport agonistico a diversi livelli: in questi casi le aree problematiche sarebbero tre (Giovannini e Savoia, 2002): la salute, vi è infatti un elevato rischio di infortuni connessi alla pratica sportiva; la scuola e la formazione professionale, il tempo richiesto per le gare e gli allenamenti è difficilmente conciliabile con lo studio; i rapporti personali e sociali, dovendo investire in allenamenti, gare e trasferte i giovani non riescono ad avere relazioni sociali significative al di fuori dell'ambiente sportivo e diventa anche difficile coltivare altri interessi. Queste tre aree critiche diventano spesso causa dell'abbandono dello sport.

Manzi e Gozzoli (2009) riportano di alcuni lavori statunitensi dai quali risulta che, da un lato, la pratica sportiva è correlata con buone prestazioni scolastiche ma è anche più associata, rispetto ad altre attività strutturate del tempo libero, all'assunzione di alcolici nel dopo partita, ad infrangere le regole sociali e trasgredire agli ordini degli allenatori. Sul piano individuale, ansia competitiva elevata unita ad autostima bassa può determinare nell'adolescente tensioni, conflitti e malessere. Così anche le pressioni ambientali eccessive possono causare l'insorgere di disturbi (ad esempio ansia, disturbi dell'umore e del sonno), demotivazione per l'attività o anche abbandono. La doppia valenza dello sport porta a riconoscere la grande responsabilità degli operatori sportivi che lo gestiscono: essi possono farne una esperienza di crescita e sviluppo o, al contrario, una esperienza frustrante da abbandonare.

6.6. Ragazzi, allenatore, genitori, società sportiva: un sistema per la crescita

L'adolescente impegnato nello sport non è solo: incontra regolarmente i compagni agli allenamenti e durante le gare, è inserito in una società sportiva, si interfaccia con un allenatore e proviene da una famiglia; si tratta di aspetti che non vanno dimenticati perché costituiscono la rete della pratica sportiva. Flavio Nascimbene, psicologo dello sport, ha elaborato un modello molto interessante denominato MIPS (Modello Integrativo per il lavoro in Psicologia dello Sport; 2002) in cui si presta attenzione alle relazioni costruite fra tre elementi: la famiglia dello sportivo, la personalità dello sportivo, l'allenatore/squadra sportiva (società sportiva), ossia il triangolo sportivo. Il modello evidenzia come l'allenatore non può concentrarsi solo su aspetti tecnico-tattici, ma deve parimenti dare spazio alle componenti emotivo-affettive che si attuano nella relazione con l'adolescente; come hanno rilevato Scotto di Luzio e colleghi (2014), se la relazione è percepita dall'adolescente come soddisfacente sembra che si influenzino positivamente sia il benessere psicologico sia le relazioni tra i partecipanti. Anche tra allenatori e genitori si deve costruire alleanza; spesso i primi si sentono attaccati dai genitori o investiti di un ruolo inadeguato, ad esempio quello di far diventare campione il figlio. A loro volta i genitori ritengono di essere poco coinvolti, ascoltati, e ne scaturisce una circolarità distruttiva in cui non ci sono interazioni adeguate. Si tratta allora di affrontare insieme, con il supporto di uno psicologo, queste problematiche per condividere "l'epistemologia del progetto" (Nascimbene, 2011) e non perdere di vista il ruolo formativo dello sport nella crescita dell'adolescente.

7. ANZIANI E ATTIVITÀ FISICA: MOTIVAZIONI E TECNOLOGIE PER IL POTENZIAMENTO

Luca Morganti e Monica Michelotto

L'Organizzazione Mondiale della Sanità (OMS) ritiene lo stile di vita sedentario tra le prime dieci cause di mortalità e di inabilità nel mondo. Un'attività fisica moderata e costante determina un aumento della sopravvivenza ed una riduzione della morbilità, intesa come il numero di casi di malattia registrati in un periodo su uno stesso numero di persone prese in esame (World Health Organization, 2000). Essa è in grado anche di incidere su molteplici aspetti della qualità della vita, aumentando il benessere soggettivo esperito dalla persona (Gill *et al.*, 2013); le ricadute sono specifiche per ogni singolo soggetto, tuttavia identificare le principali è un valido aiuto per poter tracciare delle linee guida per lo sviluppo, l'applicazione e la promozione dei programmi di attività fisica nelle persone anziane (Rejeski, & Mihalko, 2001). La qualità della vita legata ai temi della salute (HRQL) è più elevata negli anziani che effettuano un livello medio di attività fisica a settimana (almeno un'ora) rispetto ai loro pari età più sedentari, per quanto riguarda parametri sia legati al funzionamento fisico, sia alla vitalità e al funzionamento sociale (Acree, Longfors *et al.*, 2006). L'interesse scientifico si sposta anche sui benefici che l'esercizio fisico costante ha sulle variabili psicologiche; il modello socio-cognitivo ha riportato, ad esempio, evidenze in merito al ruolo dell'autoefficacia (McAuley *et al.*, 2006). Essa è definita da Bandura come la convinzione nelle proprie capacità di organizzare e realizzare il corso di azioni necessario a gestire adeguatamente le situazioni che incontreremo in modo da raggiungere i risultati prefissati: le convinzioni di efficacia influenzano il modo in cui le persone pensano, si sentono, trovano le motivazioni personali e agiscono (Bandura, 1986). Enfatizzare la possibilità effettiva di migliorare la propria salute iniziando un percorso di attività fisica ha successo quando le persone anziane cominciano a percepirsi in grado di poter eseguire i compiti richiesti. I benefici si avranno sia dal punto di vista fisico sia dal punto di vista mentale: nel primo caso le conseguenze positive saranno i progressi nelle abilità fisiche target dell'intervento, mentre nel secondo aumenta la consapevolezza di essere in grado di impostare una nuova attività e di riuscire a portare i termini i compiti che essa prevede (Netz & Raviv, 2004; White *et al.*, 2012).

7.1. Aspetti motivazionali

Per favorire l'iniziale coinvolgimento delle persone anziane in percorsi specifici strutturati di attività fisica è opportuno considerare dapprima quali sono le motivazioni e le barriere che confliggono durante la presa di decisione in merito all'avvio dell'attività.

Il primo e più importante motivante è lo stato di salute: all'aumentare della propria fragilità, ad esempio in concomitanza dell'insorgenza delle prime patologie ossee o muscolari, l'anziano comprende la necessità di doversi attivare e allenare per potenziare la propria resistenza fisica. L'efficacia stessa dell'attività fisica risulta maggiore proprio nei soggetti con una patologia diagnosticata: Lee evidenzia infatti che il gruppo di anziani con artrite reumatoide otteneva maggiori benefici rispetto ad un gruppo di pari età sani (Lee *et al.*, 2012). Prevedere uno specifico e immediato beneficio dell'attività fisica sulla patologia in atto aumenta la motivazione ad effettuarla: al tempo stesso, poter porre da subito un'attenzione specifica sui miglioramenti ottenuti nelle parti debilitate dalla malattia permette di strutturare la credenza che l'attività fisica faccia effettivamente bene. Una figura cruciale per l'avvio di attività fisica nell'anziano risulta pertanto essere il proprio medico di base (Weiss *et al.*, 2012): la prescrizione di essa come elemento terapeutico per la gestione di alcune sintomatologie imprime una stimolazione decisiva all'avvio di un percorso di attività motoria. Il percorso di potenziamento non deve tuttavia essere generico, altrimenti rischia di perdere la sua efficacia e, soprattutto, di essere percepito di scarsa importanza da parte dell'anziano. Le linee guida dell'American College of Sports Medicine (Nelson *et al.*, 2007) prevedono un inizio con esercizi aerobici e mirati al mantenimento della flessibilità motoria del soggetto, unito ad un potenziamento dell'equilibrio come competenza in grado di prevenire eventuali cadute che – soprattutto se avvengono durante l'attività motoria – possono essere un disincentivo alla prosecuzione della stessa oltre che un danno per l'organismo. Risulta decisiva la strutturazione di un piano in cui è chiaro che l'attività fisica si inserisce all'interno del piano di cura, affiancando le altre prescrizioni terapeutiche. L'elemento chiave risulta essere la personalizzazione dell'intervento (Cress *et al.*, 2005): le linee guida generali vanno inserite sia in un progetto terapeutico specifico sia nel contesto di vita dell'anziano, valutando quali sono le sue possibilità in termini di autonomia e di tempo a disposizione. A dispetto di alcuni stereotipi sulle persone anziane, infatti, la mancanza di tempo risulta essere uno delle principali criticità: un'interessante ricerca su un programma di sensibilizzazione allo spostamento a piedi rispetto all'uso di mezzi motorizzati ha infatti fatto emergere come la mancanza di tempo sia il primo ostacolo alla volontà di prendere parte all'iniziativa, anche in attività fisiche semplici come quella in esame (Milner, Baker & Sisiopiku, 2013). Dall'altra parte, anche in questo studio i benefici diretti sulla salute emergono come l'elemento motivazionale più forte per l'avvio e la prosecuzione dell'attività fisica.

Un secondo fattore è la possibilità di effettuare l'attività fisica in un ambiente culturale supportivo, un contesto sociale stimolante e attento alle necessità della persona anziana (Stewart *et al.* 2006). Come abbiamo già evidenziato, fin dalla figura del medico è importante che ci siano autorevoli fonti esterne che valorizzano l'attività fisica come strumento a disposizione per migliorare la salute psico-fisica dell'anziano. L'iniziativa del *walking bus* come possibilità di accompagnamento dei bambini a scuola da parte di gruppi di anziani – in Italia spesso realizzata con il nome di *Piedibus* – è un altro chiaro esempio di supporto sociale in grado di promuovere l'attività fisica negli anziani aggiungendo una connotazione positiva all'esercizio fisico, ovvero l'affiancamento di una finalità sociale. Risulta discriminante il tipo di contesto residenziale in cui l'anziano vive: uno studio di Chaudhury e colleghi (2012) evidenzia come la densità residenziale sia una variabile cruciale perché, quando essa è elevata, si ricollega ad un bisogno più forte di appoggiarsi al trasporto pubblico da parte degli anziani. Dall'altro lato, invece, la coesione sociale del quartiere è identificata come predittore dell'attività fisica (Fisher, Michael & Cleveland, 2004). In sintesi, i programmi che sfruttano le diverse dimensioni della qualità della vita, ovvero sia gli aspetti individuali sia quelli sociali, con una specifica attenzione al contesto possono aumentare la motivazione all'attività fisica ed una partecipazione continuata ad essa.

Considerata la motivazione alla salute come determinante per l'attività fisica nelle persone anziane, l'ambito riabilitativo si configura come contesto di elezione per avviare interventi motori (Bellelli & Trabucchi, 2009). Un ostacolo specifico è dato dalla ripetitività del gesto, talvolta anche banale quando è necessario riabilitare una funziona basica per l'individuo: in questo contesto l'autoefficacia si potenzia tramite incoraggiamento verbale, progressi visibili, percorsi individualizzati con *goal setting* individuale e supporto sociale (Resnick, 2002). Superare il concetto di riabilitazione geriatrica tradizionale significa recuperare le abilità compromesse dell'anziano valorizzandone l'autonomia ancora conservata (Bellelli & Trabucchi, 2009). Questa è una delle priorità di intervento nelle strutture geriatriche, siano esse di *long-term care* o residenziali assistite.

I percorsi riabilitativi mirano al recupero di attività specifiche intaccate dalla patologia in corso, tuttavia è importante valutare anche l'impatto sul miglioramento delle abilità quotidiane coinvolte nei compiti motori (Binder *et al.*, 2002). Per questo motivo, l'efficacia dei trattamenti si valuta anche in base a quanto essi riescano ad incidere su movimenti più generici funzionali ad attività quotidiane, ad esempio, il piegamento del ginocchio per salire e scendere le scale (Lin, Davey & Cochrane, 2004).

Gli obiettivi di un programma di riabilitazione si delineano lungo tre aspetti:

- Motorio: riabilitare le capacità motorie di soggetti anziani fragili, promuovendo al tempo stesso uno stile di vita attivo volto a diminuire la sedentarietà e rallentare il fisiologico deterioramento delle funzionalità motorie;
- Psicologico: incrementare la motivazione e il benessere psicologico attraverso l'esperienza motoria: il coinvolgimento dell'anziano mira all'aumento dell'autoefficacia specifica e dell'autostima generale, favorendo l'emergere di emozioni positive nell'anziano attraverso il raggiungimento degli scopi prefissati;
- Sociale: utilizzare l'attività fisica per contrastare l'isolamento sociale dell'individuo sia se domiciliato in RSA attraverso l'esperienza condivisa con altri anziani e supportati da giovani fisioterapisti, sia se residente in casa propria, soprattutto all'interno di un contesto sociale frammentato.

7.2. Aspetti tecnologici

Una volta stabilito un percorso di attività fisica e monitorato il mantenimento dello stesso nel tempo, è interessante identificare quali strumenti permettono di facilitarne la diffusione e di incrementare il coinvolgimento nell'attività svolta. In questo senso, il filone delle nuove tecnologie e la loro applicazione nell'ambito del benessere può incidere nella mobilitazione della persona anziana.

Gli approcci più avveniristici identificano l'uso di robot come assistenti alla riabilitazione (Fasola & Mataric, 2012): integrando gli approcci motivazionali e sull'engagement tramite l'interazione personalizzata, sono stati realizzati dei robot con competenze relazionali (SAR, *Social Assistive Robot*) la cui efficacia è stata testata in confronto coi normali automi. Andando oltre la realizzabilità dell'intervento su larga scala, l'esperienza pionieristica ci rimanda ancora una volta l'importanza della personalizzazione dell'intervento sulle caratteristiche specifiche della persona anziana. Un primo obiettivo della tecnologia dev'essere la possibilità di intervenire per personalizzare ulteriormente i percorsi di attività motoria per l'anziano che li attua: il rischio da scongiurare è la delega all'aspetto tecnologico, che deve essere un supporto alla cura e non un sostituto alla relazione di cura (Hoenig *et al.*, 2003; Sharkey & Sharkey, 2012). Se in un contesto riabilitativo specifico il paziente è spesso seguito da un assistente personale interno alla struttura, la sfida è permettere la personalizzazione dell'intervento anche per le persone che attuano percorsi motori in maniera indipendente, ad esempio come prescrizione medica di supporto alla terapia. All'interno del training domestico, la tecnologia può offrire un supporto personalizzato all'anziano per potenziare la sua efficacia (Van den Berg *et al.*, 2006). Per questo tipo di persone sono state sviluppate diverse applicazioni mobili nell'ambito dell'eHealth: un recente lavoro di Silveira e colleghi (2013) ha testato su 13 partecipanti un'applicazione per facilitare il training domestico, supportata da questionari riguardanti la motivazione al trattamento e la sensazione di essere parte di un gruppo di allenamento virtuale in grado di monitorare automaticamente da remoto la *performance*. I dati hanno mostrato una *compliance* pari al 73% (89% per gli esercizi sull'equilibrio e il 60% per quelli specifici sulla forza) e i partecipanti hanno riferito che senza l'applicazione non si sentivano motivati a fare esercizio. Tecnologie più specifiche si soffermano anche sulla rilevazione personalizzata di parametri tecnici: il conteggio dei passi è l'indicatore più diffuso utilizzato come *feedback* per l'utente per monitorare il proprio livello di attività (Colbert *et al.*, 2011). Già da un decennio (Consolvo *et al.*, 2006) si è scoperta l'importanza di combinare l'aspetto tecnico di rilevazione del dato con quello comunitario di condivisione dei risultati personali con altre persone, sia per mantenere la condivisione dell'attività sia per poter avere un confronto in merito all'andamento del proprio percorso.

L'aumento della socialità e del coinvolgimento degli utenti si è distinto negli ultimi anni come filone di ricerca specifico (Larsen *et al.*, 2013) che indaga l'uso di *videogame* e videogiochi interattivi (*exergames*) in ambito sanitario, alcuni adattati alle specifiche fragilità di soggetti anziani (Gerling, Schild & Masuch, 2010), per esempio sul controllo posturale (Maillot, Perrot &

Hartley, 2013). Le finalità riabilitative si mischiano con gli aspetti ludici e di socializzazione (Agmon *et al.*, 2011; Cornejo *et al.*, 2012). Recenti prove di efficacia valutano anche i benefici sull'aspetto cognitivo degli anziani coinvolti (Maillot, Perrot & Hartley, 2012): l'attrattiva verso il nuovo medium riabilitativo è stata utilizzata per strutturare un intervento di 24 sessioni di un'ora; il training tramite *exergame* ha potenziato gli aspetti neurocognitivi del controllo e della velocità di esecuzioni, abilità trasversali ai bisogni motori degli anziani nelle attività quotidiane.

Oltre ai tre obiettivi riabilitativi precedentemente esposti (motorio, psicologico e sociale), l'utilizzo di *exergames* per la riabilitazione ne suggerisce un quarto, ovvero l'aspetto cognitivo che permette all'anziano di apprendere, attraverso il gioco, sequenze motorie corrette e funzionali per il suo benessere fisico. Esse consentono all'anziano di comprendere consapevolmente i movimenti svolti durante i giochi per permetterne l'utilizzo anche al di fuori del contesto ludico.

Dividendo tra breve e lungo termine gli obiettivi riabilitativi, possiamo identificare:

- breve termine: favorire il movimento attivo delle articolazioni, stimolare la dimensione ludico-attiva e ideomotoria (anche attraverso il suo potenziamento dato dalla possibilità per l'anziano di identificarsi con il personaggio costruito con la *console*);
- lungo termine: apprendimento fine delle abilità richieste con relativo *feedback* fornito in tempo reale dal punteggio del gioco e aumento dell'autoefficacia e dell'autostima.

Un gruppo di ricercatori del *Neuroscience Research Australia* di Sidney (McNulty *et al.*, 2011) ha dimostrato che alcuni tipi di videogame fondati sul movimento del corpo (giochi di Nintendo Wii Sport) possono avere effetti benefici nella riabilitazione di pazienti colpiti da ictus, portando così l'anziano a rafforzare i muscoli ed i nervi colpiti dalla malattia cerebrale. Lo studio dimostra che il *feedback* immediato che gli anziani ottengono con il gioco aumenta la fiducia e, di conseguenza, la costanza nell'esercizio. Alcune esperienze come quella condotta da un gruppo di ricercatori del *Prince of Wales Hospital* di Sidney

(Smith, Sherrington & Studensky, 2011) che ha testato l'utilizzo dell'STS (*Step Training System*) in un gruppo di pazienti anziani, sono state già replicate anche in Italia (Bertone *et al.*, 2012): i risultati hanno riguardato diverse funzioni motorie e cognitive tra cui processi attentivi, memoria di lavoro, capacità di *problem solving*, progettazione e modificazione di comportamenti in tempo rapido. Il livello di gradimento nell'utilizzo di nuove tecnologie rispetto alla fisioterapia tradizionale è risultato significativamente alto (97,7% del campione). Sono emerse interessanti differenze relative al fattore convivenza: i pazienti che hanno ottenuto prestazioni migliori vivevano spesso soli, enfatizzando pertanto il carattere di socialità intrinseco al mezzo. L'esperienza della dimensione ludica permette di mettersi in gioco in una modalità protetta, virtuale e reale al tempo stesso, aumentandone il valore edonico positivo: ciò può favorire la diffusione delle tecniche di riabilitazione anche in contesti domestici (Schoene *et al.*, 2013).

Studi successivi hanno cercato di adattare i videogiochi esistenti alla popolazione anziana: *Wiihabilitation* è il neologismo che viene usato per indicare l'integrazione dei videogiochi e delle nuove tecnologie come Nintendo Wii in programmi di riabilitazione. Anderson e colleghi (2010) sottolineano il fatto che, in ambito riabilitativo, i giochi della piattaforma Wii necessitino di un riadattamento per i seguenti motivi:

- il movimento richiesto dal gioco non pone fuoco su *outcome* riabilitativi, come ad esempio il rafforzamento muscolare;
- la difficoltà del gioco è calibrata su persone che godono di buona salute e non su anziani fragili;
- i punteggi sono troppo generici per valutare il progresso in ambito riabilitativo;
- i terapisti non possono osservare il progresso attraverso *feedback* opportuni.

Sarebbe pertanto necessario personalizzare il videogioco, inserendo attività specifiche pensate per la riabilitazione e sistemi di misurazione e di *feedback* utili ai fisioterapisti a seconda dei limiti degli utenti.

7.3. Proposta di intervento

L'aspetto ludico è una leva motivazionale importante anche nella fascia di età anziana della popolazione (Flores *et al.*, 2008; Aahrus *et al.*, 2011): esso permette da un lato di contrastare i vissuti di frustrazione e ripetitività che possono accompagnare la pratica riabilitativa e dall'altro di impostare un umore positivo all'interno del *setting* medico.

7.3.1. *Soluzioni tecnologiche*

Tra le nuove tecnologie che negli ultimi anni si stanno facendo spazio nel campo della riabilitazione e della stimolazione motoria, le *console* di settima generazione sono riuscite a farsi apprezzare per le loro caratteristiche innovative che le rendono particolarmente adatte ad essere utilizzate anche in contesti professionali. Questa generazione è caratterizzata da una definizione grafica di gioco sempre più elevata, dalla possibilità di connettere la *console* ad Internet (accedendo così a svariati servizi online che permettono sia di giocare in modalità *multiplayer* sia di scaricare nuovi contenuti), e da innovativi sistemi di controllo che reinventano la modalità di interazione tra il giocatore e il videogioco.

Ciò che maggiormente caratterizza le nuove *console* rispetto a quelle precedenti è la differente modalità di gioco: alcune *console* sono dotate di *game controller* senza fili che utilizzano un approccio innovativo rispetto a quello della periferica *joystick* tradizionale permettendo di compiere una serie più ampia di movimenti; altre ancora prevedono l'assenza totale di questi dispositivi e il principale "strumento" di interazione diventa direttamente il corpo del giocatore.

Il primo caso è quello della *Nintendo Wii* (e modelli seguenti): la sua periferica di gioco ha la forma di un normale telecomando (noto anche come *Wiimote*, dall'inglese *Wii Remote*), è impugnabile con una sola mano (a differenza dei primi controller analogici) e rileva i movimenti compiuti dal giocatore attraverso una serie di sensori: dieci led ad infrarossi incorporati nelle estremità della barra sensore (*Wii Sensor Bar*), da porre sopra o sotto il televisore, permettono di percepire il puntamento del controller verso lo schermo, spostando il cursore per compiere azioni di gioco. Integrato all'interno del controller è inoltre presente un accelerometro a tre assi che ne rileva l'inclinazione e la rotazione. I giocatori possono così pescare, lanciare una palla da bowling, tirare con l'arco o cucinare semplicemente mimando le azioni invece che premere dei pulsanti.

Il secondo caso si riferisce invece alla periferica *Microsoft Kinect*, accessorio pensato per *Xbox360* (e modelli seguenti) e sensibile al movimento del corpo umano; a differenza del *Wiimote* della Nintendo, consente al giocatore il controllo del sistema senza la necessità di indossare o impugnare alcunché. *Kinect* è dotato di telecamera RGB (con particolari sensori che suddividono la luce in segnali rosso, verde e blu e inviano l'immagine rilevata al televisore) e di un doppio sensore di profondità a raggi infrarossi composto da uno scanner laser. La barra di *Kinect* è motorizzata lungo l'asse verticale per seguire i giocatori, orientandosi nella posizione migliore per il riconoscimento dei movimenti. Di fatto, la periferica permette all'utente di interagire con la *console* senza l'uso di alcun controller da impugnare, ma solo attraverso i movimenti del corpo o i comandi vocali.

Al fine di valutare l'efficacia delle due *console* nel campo della riabilitazione sono state svolte diverse ricerche negli ultimi anni. Due di queste ricerche risultano essere particolarmente significative ai fini della presente dissertazione, in quanto si propongono di indagare il medesimo aspetto utilizzando ognuna una delle due *console* concorrenti. La prima ricerca condotta da Song e dai suoi collaboratori (2011), si propone di indagare gli effetti dell'allenamento svolto utilizzando videogiochi giocati su *Nintendo Wii* sulla forza muscolare. Gli studiosi hanno riscontrato che la forza muscolare della spalla dei pazienti colpiti da ictus aumenta in modo significativo a seguito del training svolto giocando con la *Nintendo Wii*: le prestazioni delle attività di vita quotidiana sono migliorate significativamente nel gruppo sperimentale a seguito delle sedute di allenamento con la *console*.

Risultati simili sono stati ottenuti in una ricerca di Lee (2013): l'obiettivo è stato lo studio degli effetti dell'allenamento svolto utilizzando videogiochi giocati su *Xbox Kinect* sulla forza muscolare, sul tono muscolare, e sulle prestazioni delle attività della vita quotidiana in pazienti inseriti in programmi di riabilitazione post-ictus. I risultati della ricerca hanno dimostrato l'efficacia di questa periferica di gioco non solo in termini motivazionali ma anche a livello di recupero motorio funzionale. Sono stati infatti riscontrati miglioramenti significativi per quanto riguarda il recupero della forza muscolare degli arti superiori e le prestazioni delle attività della vita quotidiana nel gruppo sperimentale (terapia occupazionale tradizionale affiancata a sedute di gioco su titoli sportivi come boxe e bowling) a differenza del gruppo di controllo, per il quale non ci sono stati significativi miglioramenti funzionali in fase di post-test.

Alla luce dei risultati ottenuti nelle ricerche nel campo della riabilitazione, la preferenza di utilizzo di una delle due *console* considerate rispetto all'altra non si discute a livello di efficacia dei training svolti, ma su aspetti più tecnici.

Per quanto riguarda la rilevazione del movimento, il controller della *console Nintendo Wii* "costringe" il soggetto a porre maggiore attenzione al gesto da compiere, che deve essere svolto con un certo livello di precisione per essere correttamente rilevato. Il sistema infatti, rileva l'inclinazione e la rotazione degli accelerometri presenti nel *WiiMote*, restituendo un *feedback* immediato al giocatore mentre svolge i movimenti. La periferica *Kinect* offre in tal senso una maggior possibilità di movimento, rilevando simultaneamente i movimenti di tutte le parti del corpo, elaborandoli in tempo reale e trasformandoli in gesti compiuti dall'avatar; questa esperienza di gioco risulta coinvolgente e massimamente immersiva per un giocatore esperto ma di difficile gestione per un giocatore occasionale, soprattutto se quest'ultimo è una persona anziana. Una criticità che potrebbe verificarsi proponendo all'anziano un sistema basato sul movimento libero che coinvolge tutto il corpo è quella di sottoporlo ad esercizi aerobici eccessivamente intensi ed inoltre di creare difficoltà nella coordinazione ideo-motoria, inducendo una perdita di consapevolezza dei movimenti svolti, un calo del senso di presenza nel gioco, della motivazione intrinseca e della qualità percepita dell'esperienza.

7.4. Proposta riabilitativa

Una possibile proposta, in continuità di pensiero rispetto a quanto appena descritto, propone alcuni giochi adeguati al campione: l'obiettivo è superare i principali limiti emersi attraverso la strutturazione di un intervento che coniughi le diverse professionalità del settore sanitario con le potenzialità tecnologiche evidenziate.

Gli anziani in situazione di fragilità, ospiti in Residenze Socio-Assistenziali (RSA) possono essere destinatari di alcune proposte di intervento specifiche. Essi presentano spesso condizioni di comorbilità, ovvero la contemporanea presenza di due, tre o più patologie croniche ad andamento progressivo, talvolta in situazioni di iniziale disagio socio-ambientale o psico-cognitivo. Anche a causa dei numerosi farmaci che assumono contemporaneamente e che presentano scarsi livelli di attività fisica uniti a facile affaticabilità e debolezza muscolare. Il target ideale è rappresentato da anziani in grado di deambulare e quindi di mantenere la stazione eretta, ma con opportuni accorgimenti e tutele è possibile ipotizzare anche il coinvolgimento di anziani che necessitano di ausili per la deambulazione e gli spostamenti (deambulatori, bastoni da passeggio e canadesi, carrozzine). Si considerano invece come criteri di esclusione la non completa integrità cognitiva, soprattutto per quanto riguarda le funzioni esecutive, la presenza di *delirium* e le condizioni di instabilità clinica. I progetti di intervento possono inserirsi come integrazione all'interno dei percorsi strutturati di fisio e kinesiterapia già in atto presso le RSA, sia quelli che coinvolgono buona parte dei residenti, sia a beneficio di alcuni ospiti per i quali sono stati avviati percorsi riabilitativi.

Il piano di intervento realizzato con i supporti video ludici descritti si propone di lavorare su due diversi livelli: l'attivazione motoria e la ginnastica dolce. L'attivazione motoria mira ad attivare attraverso l'esposizione ad un ambiente di gioco gli arti superiori ed inferiori, potendo ingaggiare gli utenti rispettivamente in attività come bowling, ping-pong o *jogging* e step. Gli obiettivi specifici sono il miglioramento della coordinazione ideo-motoria e dell'attività muscolare, oltre ad una ripresa e mantenimento di tono dei muscoli del corpo coinvolti. La ginnastica dolce richiede l'utilizzo di giochi che possano stimolare stretching di specifiche zone corporee ed esercizi di respirazione e rilassamento; in questo caso gli obiettivi specifici sono legati anche all'equilibrio posturale, con la correzione dei principali difetti riscontrati, e all'acquisizione della consapevolezza del proprio respiro.

7.4.1. *Valutazione dell'efficacia*
Un elemento importante è la valutazione dell'intervento, in modo tale da poter rilevare gli aspetti su cui ha ottenuto maggiore efficacia. Una raccolta anamnestica preliminare prevede, oltre ai dati anagrafici, la diagnosi all'atto dell'ingresso in RSA, la situazione di comorbilità, il numero di cadute verificatesi nell'ultimo anno, l'anamnesi farmacologica, l'attitudine sociale e le competenze tecnologiche. Altre variabili più specifiche possono essere facilmente rilevabili tramite i seguenti strumenti:
- lo stato funzionale e il livello di mobilità (test *Timed Up and Go* - TUG);
- lo stato psicologico (*Geriatric Depression Scale* - GDS-5 items);
- lo stato cognitivo e le funzioni esecutive (*Mini Mental State Examination* - MMSE);
- la paura di cadere (*Falls Efficacy Scale-International* - FES-I);
- il grado di soddisfazione in seguito all'esperienza di gioco (questionario *ad hoc*).

Dopo sei mesi dall'implementazione dell'intervento si prevede un *follow-up* per monitorare gli effetti a medio e lungo termine dell'intervento.

7.4.2. *Procedura*
La raccolta dati iniziale dei partecipanti permette di stendere un profilo personale di ognuno. In questa fase, si prevede la

collaborazione della figura del fisioterapista e dello psicologo: in particolare, il fisioterapista raccoglierà i dati e valuterà il soggetto in un'ottica di cura e riabilitazione motoria; lo psicologo, invece, si occuperà degli aspetti più legati alla sfera della socialità e del benessere psicologico. A questa fase seguirà un secondo momento di familiarizzazione con lo strumento proposto; l'anziano verrà quindi avvicinato in modo graduale allo strumento di gioco.

Si ipotizza un intervento strutturato in due sessioni di gioco alla settimana della durata di un'ora circa. Queste sessioni di gioco alterneranno momenti di cooperazione, di sfida e di supporto in cui potranno partecipare alle attività anche i fisioterapisti. La *console* Nintendo Wii è adatta a questo tipo di intervento perché ha un numero di giochi e mini-giochi ampio e strutturato, realizzati con specifici obiettivi: la possibilità di collegare la *console* a svariate periferiche motorie e la semplicità d'uso di tali *device* e delle relative interfacce rappresentano un valore aggiunto in termini di usabilità e di coinvolgimento attivo. Il *controller* senza fili offre un modo di giocare intuitivo e naturale: per colpire la pallina da ping-pong, lanciare la palla da bowling o muovere un oggetto, non servono complesse combinazioni di tasti, in quanto i sensori presenti all'interno del controller permettono di riprodurre in virtuale il movimento effettuato nella realtà, incrementando il senso di presenza all'interno del gioco. Ulteriori elementi che contribuiscono a incrementare la qualità dell'esperienza ludica del giocatore e il suo coinvolgimento sono:

- la possibilità di creare e personalizzare *avatar* (*Mii*), personaggi virtuali protagonisti dell'azione sul monitor che possono avere tratti simili all'utilizzatore reale, aumentando l'identificazione del soggetto con il rispettivo personaggio (si veda Figura 7.1);

Figura 7.1 - Esempio di Mii, *avatar* digitale che rispecchia le sembianze del giocatore.

- la presenza di un sistema di vibrazione e di uno speaker in grado di riprodurre suoni (come il rumore della palla da ping-pong quando viene colpita) dell'ambiente virtuale di gioco;
- la possibilità di personalizzare la propria tabella di allenamento in base agli obiettivi da raggiungere (ad esempio, nel gioco *Wii Fit Plus*) e di verificare i progressi giornalieri e sul lungo periodo, attraverso i *feedback* del gioco e grafici di progresso: è possibile registrare una serie di dati quali il peso, l'indice di massa corporea (IMC), il numero di passi compiuti e il tempo dedicato all'allenamento.

Al telecomando *WiiMote* è possibile inoltre aggiungere un *device* per rendere la risposta al movimento più immediata e precisa (*Wii MotionPlus,* oppure utilizzare direttamente il telecomando *Wii Plus* integrato) ed eventualmente il telecomando analogico *Nunchuk*. L'utilizzo della periferica *Wii Balance Board* non è consigliato con un'utenza anziana, in quanto poco fruibile e potenzialmente pericolosa a causa della ridotta superficie d'appoggio che potrebbe comportare perdite di equilibrio e conseguenti rovinose cadute. Essa potrebbe essere utilizzata solamente per la rilevazione del peso, per la misura dell'indice di massa corporea e per l'analisi del baricentro all'inizio di ogni sessione di gioco e per la registrazione dei progressi.

Si possono valutare alcune periferiche a forma di tappetino che garantiscano un grado di sicurezza e stabilità maggiori per l'anziano: si può ipotizzare l'uso di sensori che rilevano movimenti quali il cammino, come lo *Step Training System* (STS) (si veda Figura 7.2) utilizzato dal *Prince of Wales Hospital* di Sidney (McNulty *et al.*, 2011). Un altro tipo di tappetino può essere il *DanceMat* (già utilizzato per alcuni dei titoli Wii come *Dance Dance Revolution Hottest Party*), che permetterebbe in alcuni casi di dare la possibilità agli anziani di svolgere gli esercizi sia mantenendo la postura eretta davanti al monitor, sia stando comodamente seduti, qualora ne avessero necessità.

Figura 7.2 - *Step Training System*

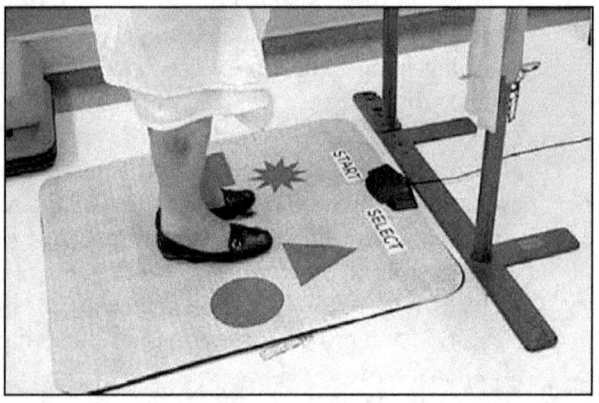

Le attività proponibili, selezionate tra quelle più semplici da eseguire, richiedono di mettere in atto diverse azioni simultaneamente andando a stimolare funzioni e capacità cognitive quali l'attenzione, la coordinazione, la capacità di problem-solving, la memoria di lavoro, la pianificazione e l'orientamento spaziale. Accanto ai giochi maggiormente focalizzati su movimenti motori specifici, soprattutto presenti all'interno dei pacchetti *Wii Fit Plus* e *Wii Sports Resort*, l'aggiunta di alcune attività musicali (sulla traccia della serie dei titoli *Just Dance* e *Dance Dance Revolution Hottest Party)* permette di coinvolgere l'anziano in attività più piacevoli e sfruttare il potere motivazionale e istruttivo della musica nell'apprendimento del movimento (Antonietti, 2009). In questi esercizi a tempo di musica, gli anziani dovranno riprodurre i movimenti delle sagome dei ballerini, utilizzando sia il telecomando sia il tappetino, a seconda che si desideri mobilitare gli arti superiori o inferiori. La possibilità di modulare le musiche in relazione all'utenza rappresenterebbe un valore aggiunto notevole: poter riprodurre brani di ballo liscio, tango e ritmi delle canzoni popolari permetterebbe di inserirsi in alcuni schemi motori già presenti nell'individuo e al tempo stesso di aumentare la piacevolezza dell'attività e il coinvolgimento degli utenti nella stessa. Per ogni mini-gioco è possibile prevedere livelli incrementali di difficoltà che verranno sbloccati di volta in volta in base alle prestazioni ottenute durante le sedute di gioco, al fine di incrementare il livello di motivazione e la soddisfazione percepita dall'anziano. Sulla base delle competenze motorie raggiunte, il fisioterapista valuta l'adeguatezza del livello di difficoltà proposto dal gioco e sceglie se aumentarlo o diminuirlo. È possibile valutare anche l'utilizzo in modalità multiplayer, permettendo all'anziano di condividere l'esperienza ludica: l'intervento acquisisce in tal modo anche un aspetto di socializzazione e di condivisione di attività coi propri pari. Valutando con cura le persone a cui proporre questo tipo di intervento, è possibile anche aumentare la compliance e la motivazione all'esercizio facendo leva su aspetti di competitività legati al punteggio e alla sfida tra gli utenti coinvolti.

7.4.3. *Prospettive future*
Negli ultimi anni il mercato dei videogiochi sta avendo una radicale modifica sulle modalità di presenza e di interfaccia. L'interazione con l'ambiente di gioco, e da essa la gestione della propria rappresentazione (Franceschini, 2004), non avviene più solamente con le periferiche di controllo classiche: l'introduzione sul mercato di diverse soluzioni tecnologiche, denominate "Tecnologie *motion-sensing*", consente di

coinvolgere il corpo in modo globale, superando il tradizionale uso delle sole mani. Il progresso dei sistemi di riconoscimento e puntamento permette di espandere l'esperienza di gioco su un duplice asse: a livello individuale ogni singolo giocatore viene coinvolto globalmente e le possibilità di gioco divengono sempre più naturali e vicine all'esperienza reale; a livello di gruppo, invece, la dimensione cooperativa aumenta e il livello di partecipazione si estende a diverse tipologie di utenti che fino ad oggi non erano considerati possibili beneficiari dei sistemi video-ludici.

In tal modo, nuove categorie di utenti a disagio con le normali interfacce di gioco, possono ora accostarsi al mondo delle *console*: gli utenti anziani, ad esempio, possono anche essere accompagnati più agevolmente da professionisti che favoriscono un approccio a forte sinergia ed integrazione tra l'aspetto prevalentemente ludico e quello riabilitativo. L'utilizzo ludico della tecnologia si configura come tramite tra le potenzialità tecniche e la motivazione dell'anziano per approcciare attività che contrastano la sedentarietà e – ove necessario – supportano la riabilitazione.

8. ATTIVITÀ FISICA ADATTATA: L'ESPERIENZA DI SUPERHABILY

Luca Morganti, Daniele Moscardin

> *«Le Persone disabili hanno gli stessi diritti fondamentali degli altri cittadini. I disabili rivendicano le stesse opportunità di accesso alle risorse sociali, come il lavoro, l'educazione scolastica e professionale, la formazione nelle nuove tecnologie, i servizi sociali e sanitari, lo sport, il tempo libero, ed ai prodotti e beni di consumo».*
>
> Dichiarazione di Madrid, 2002

8.1. Attività fisica adattata

Il termine "Attività Fisica Adattata" (APA) fu introdotto nel 1973, anno di fondazione della Federazione Internazionale Attività Fisica Adattata (IFAPA) (Hutzler & Sherrill, 2007): esso si riferisce al movimento, all'attività fisica e agli sport nei quali viene data un'enfasi particolare agli interessi e alle capacità degli individui caratterizzati da condizioni fisiche svantaggiate, quali disabili, malati o anziani. L'obiettivo basilare degli operatori impegnati nell'APA è quello di "abilitare", ovvero di mettere in grado tutti gli individui di partecipare ad una regolare attività fisica durante l'intero arco di vita. Essa è vista come un mezzo ricreativo, terapeutico, espressivo e di benessere.

Lo Statuto IFAPA riconosce che «l'oggetto d'interesse specifico dei programmi e delle attività IFAPA è rappresentato dalle persone affette da malattie, menomazioni, disabilità o deficit tali da limitare le capacità di tali individui di praticare le attività fisiche loro congeniali» (www.apaitaliana.it). Sulla base di tale dichiarazione, l'ambito d'azione dell'APA può essere ulteriormente definito come la messa a disposizione di prassi adattate, di un ambiente fisico e sociale, di attrezzature e regolamenti nonché di altre componenti che permettano agli individui caratterizzati da condizioni limitate di seguire uno stile di vita attivo.

L'educazione fisica adattata è rivolta a quelle persone che non sono in grado, per motivi di vario genere, di partecipare con successo o in condizioni di sicurezza alle normali attività di educazione fisica. Si tratta perciò di una valida modalità didattica che adatta, tramite opportune modifiche, il programma, i compiti e/o l'ambiente, in modo che tutti gli allievi possano partecipare pienamente all'educazione fisica.

8.2. Adattarsi ad alcune caratteristiche specifiche

L'individuo elabora le informazioni ricevendo un *input* (stimolo) attraverso l'apparato sensoriale, elabora i dati nel cervello, quindi produce un'adeguata risposta motoria. Per facilitare l'elaborazione delle informazioni da parte di persone con disabilità di vario tipo, il *feedback*, fornito solitamente dall'insegnante attraverso segnali sensoriali e verbali, aiuta a ridurre lo scarto fra l'esito desiderato e l'esito effettivo, fino a quando il risultato non è soddisfacente. In altre parole, l'istruttore ha il compito di dimostrare, spiegare un compito e fornire un *feedback* anche durante la risposta dell'alunno. L'obiettivo è perciò una riduzione dello scarto fra la risposta desiderata e quella effettiva, utilizzando processi di retroazione interni, in prevalenza dipendenti dalla propriocezione e dalla percezione visiva (Liebermann *et al.*, 2002).

Le persone affette da disabilità fisiche possono avere una percezione del corpo alterata o difficoltà di propriocezione; gli individui con disabilità mentali possono presentare difficoltà in una o più componenti dell'apparato di elaborazione delle informazioni. Lavorando con questo tipo di disabili, è importante comprendere le loro diverse capacità di elaborazione delle

informazioni (Sherrill & O'Connor, 1999). Alcune persone possono manifestare:
- problemi di attenzione, concentrazione o memoria;
- difficoltà a seguire le istruzioni;
- difficoltà in condizioni soggette a limiti di tempo, o durante i test a tempo.

Le facilitazioni di tipo educativo comprendono (Winnick & Poretta, 2011):
- disponibilità di profili delle classi prima della lezione;
- disponibilità di un ambiente, in cui eseguire i test, privo di distrazioni;
- disponibilità di un compagno amico;
- concessione di una durata di tempo maggiore per i compiti e i test;
- utilizzo di istruzioni concise e semplici.

Nello specifico (Winnick & Poretta, 2011):
- persone con sindrome di *Down* o ritardo mentale possono non essere in grado di elaborare istruzioni astratte e di serie, come ad esempio "spostarsi verso il centro del campo, cercare un avversario e contrastarlo". Le informazioni dovranno essere il più possibile semplici, concrete e trasmesse un passo alla volta;
- persone con sindrome da disfunzione cerebrale minima, disgrafia, dislessia, disturbi di tipo convulsivo e alcuni tipi di lesioni cerebrali possono evidenziare problemi di orientamento spaziale come ad esempio la capacità di distinguere la destra dalla sinistra, ordinare nella giusta sequenza le informazioni ed elaborarle in un determinato periodo di tempo;
- persone non-udenti o affette da menomazioni dell'udito, disturbi di apprendimento ed alcune lesioni del cervello possono avere difficoltà a elaborare le informazioni trasmesse oralmente, in alcuni casi possono esservi difficoltà nel riconoscere determinate parole e suoni. Gli adattamenti educativi prevedono l'utilizzo di sistemi ricetrasmittenti FM, l'uso del linguaggio dei sordomuti, l'utilizzo del *Makaton* o di altri ausili al linguaggio dei sordomuti che facilitano la comprensione delle

istruzioni (non adatta per i non-udenti). Altri accorgimenti riguardano il rivolgersi verso l'interlocutore quando si parla e assegnare un compagno all'individuo con esigenze particolari;

- disabili affetti da spasticità possono non essere in grado di fare affidamento sul proprio *feedback* interno (propriocettivo) per valutare l'angolazione e la velocità dei movimenti degli arti. Un metodo alternativo prevede l'impiego del *feedback* visivo come ad esempio l'impiego della video-analisi per la riabilitazione deambulatoria in seguito a lesioni cerebrali o ictus.

8.3. L'associazione Dilettantistica Polisportiva SuperHabily

Il 15 marzo del 2010 un gruppo di persone del sud-ovest milanese, accomunate dalla passione per lo sport e dal lavoro con i disabili, decisero di unire questi due mondi apparentemente molto lontani, per dare vita ad un progetto ambizioso che mirava a sensibilizzare e far cultura sulla disabilità attraverso la pratica sportiva.

In quella data, ad Abbiategrasso, si diede vita a quella che diverrà, nel giro di pochi anni, una delle realtà internazionali più grandi di sport per disabili: l'associazione Dilettantistica Polisportiva *SuperHabily*. L'integrazione delle varie forme di disabilità è il movente e il collante dell'associazione, per questo motivo lavora sia con bambini 7-8 anni sia con adulti. I livelli di attività cognitiva e motoria possono variare di molto all'interno della stessa fascia di età, pertanto spesso si affiancano atleti di età diverse, ma con un funzionamento sociale e sportivo simile e compatibile tra di loro.

Inizialmente l'unico settore presente all'interno dell'associazione era quello del calcio, proposto a persone con disabilità mentale e relazionale. Nel giro di un solo anno dalla nascita dell'associazione, il numero dei calciatori è più che raddoppiato e già si poteva intravedere, in un futuro tutto sommato prossimo, l'apertura di altri settori sportivi viste le richieste ricevute da potenziali atleti e la voglia dei già tesserati di praticare più di una disciplina. Da qui nacque l'esigenza di affidare la gestione del settore calcistico, allora l'unico esistente, ad un responsabile tecnico.

L'anno successivo, gli atleti tesserati per la polisportiva *SuperHabily* arrivano a quota 52 suddivisi in 4 settori sportivi: calcio per atleti mentali; atletica leggera, nuoto e boccia paraolimpica per atleti con disabilità fisica e mentale. A fronte di una continua crescita, la polisportiva decide di iscriversi a differenti federazioni per dare la possibilità agli atleti di praticare gare con continuità. Le Federazioni Sportive più attive sul versante dello sport paraolimpico sono FISDIR (Federazione Italiana Sport Disabilità Intellettiva Relazionale), FIFS (Federazione Italiana Football Sala), *Special Olympics*, FINP (Federazione Italiana Nuoto Paraolimpico) e FISPES (Federazione Italiana Sport Paraolimpici E Sperimentali).

In poco tempo *SuperHabily* diventa una realtà molto conosciuta e non solo grazie alla grande attività svolta sul territorio, ma anche per gli incredibili successi sportivi conseguiti, in particolare i due titoli italiani conquistati in meno di 18 mesi dalla fondazione dell'associazione nell'atletica paraolimpica, evento mai accaduto nella storia paraolimpica italiana. Si segnalano inoltre ripetuti record italiani sempre nell'atletica e nei lanci; il titolo di Campioni Italiani di calcio a 5 (La Spezia 2011 e 2014); la convocazione, da parte della Nazionale Italiana di calcio a 5 *Special Olympics*, di tre atleti per partecipare ai campionati del mondo che si sono svolti ad Atene dal 25 giugno al 4 luglio 2011.

Questi importanti titoli hanno elevato il prestigio della Polisportiva tanto che tra i suoi tesserati ha fatto la sua comparsa Annalisa Minetti, atleta di grande spessore mediatico, ma soprattutto sportivo con in tasca il record del mondo sui 1500 mt e all'inseguimento di una medaglia d'oro paraolimpica a Londra 2012. Insieme ad Annalisa, la Polisportiva *SuperHabily* ha avuto il privilegio di vedere ben 3 atleti disputare le Paraolimpiadi di Londra 2012 riuscendo a conquistare una medaglia di bronzo proprio con Annalisa Minetti. Grazie alla sua presenza e alla sua notorietà si ha la possibilità di procurare nuove attrezzature, attraverso varie raccolte fondi.

Vista la grande affluenza di atleti e il numero dei volontari in continua crescita, venne creato un vero e proprio staff di professionisti in modo tale da offrire un servizio completo e rispondente a tutte le esigenze di questi atleti speciali. Laureati e laureandi in scienze motorie strutturano e adattano ogni seduta di allenamento e ogni singola esercitazione, lavorando su aspetti necessari come coordinazione, gesti tecnici, mantenimento dell'attenzione e miglioramento del sistema cardiovascolare; educatori e psicologi si occupano della sfera educativa e delle problematiche che potrebbero sorgere all'interno di un gruppo così ampio e diversificato; i massofisioterapisti intervengono laddove si presenta un problema a livello fisico strutturando un percorso di rieducazione per gli atleti infortunati; infine i volontari mettono lo spirito prosociale a disposizione tramite tempo, mezzi di trasporto e buonumore.

All'interno dell'associazione non vi è alcun tipo di esclusione o di ridotta considerazione nei confronti di una particolare sindrome o disabilità, anzi il continuo aumento del numero degli atleti tesserati e quindi il parallelo aumento delle più diversificate tipologie di disabilità rappresentano un grande stimolo e una grande sfida da vincere per i volontari e per tutto lo staff, studiando e adattando le attività proposte per analizzare le risposte che si ricevono.

8.4. Allenamento ed esercitazioni: l'esperienza in un contesto agonistico

L'attività sportiva proposta si pone come obiettivo lo sviluppo e il continuo miglioramento del livello motorio di persone con disabilità fisica e mentale - relazionale, accompagnandole in un percorso che ha come finalità la prestazione sportiva agonistica nell'ambito del calcio. La consapevolezza di fondo è che con la disabilità mentale non è possibile effettuare un lavoro esclusivamente a livello motorio, ma è necessario effettuare parallelamente un lavoro mirato alla stimolazione della sfera psichica. Ogni seduta di allenamento viene studiata e costruita tenendo conto di questi requisiti fondamentali e di volta in volta viene adattata a quelle che sono le esigenze di un gruppo così numeroso e diversificato. Per necessità è possibile dividere gruppi più ampi in due squadre, tenendo in considerazione diversi aspetti tra cui principalmente il grado di abilità motoria ed il livello della categoria a cui ogni squadra partecipa. Ci si trova quindi con due squadre composte da circa 8-9 atleti e durante la seduta di allenamento vengono effettuate alcune esercitazioni in comune e altre, principalmente quelle tattiche, singolarmente per squadra.

L'attività consiste in una seduta settimanale di allenamento e in una serie di partite a livello regionale o nazionale organizzate dalle varie Federazioni a cui la società è iscritta. La stagione agonistica viene organizzata in modo da poter preparare al meglio ogni impegno sportivo ed è in linea con le tempistiche proposte dalle Federazioni che gestiscono eventi calcistici. Generalmente ogni allenamento è composto da più fasi di lavoro della durata di circa 15 minuti l'una. In ognuna di queste, è proposto un lavoro che va ad allenare o stimolare specifici aspetti motori, tecnici o mentali.

Le principali aree di lavoro sono:
- messa in moto: circa 5 giri di campo in corsa lenta più uno completo in camminata; successivamente vengono proposte delle semplici andature con dei leggeri cambi di ritmo;
- lavoro di coordinazione: esercizi coordinativi molto semplici per iniziare a stimolare l'attenzione; i ragazzi con maggiori difficoltà nell'esecuzione vengono seguiti personalmente dai volontari;
- lavoro di attenzione: il lavoro sull'attenzione viene svolto sottoponendo gli atleti a diversi stimoli che possono essere uditivi, visivi o tattili che corrispondono quindi a reazioni sempre diverse. Questo lavoro costringe i ragazzi a prestare grande attenzione e quindi ad elaborare il più velocemente possibile lo stimolo ricevuto per dare il via alla reazione;
- allenamento del sistema cardiovascolare: si tratta di un lavoro a diversi livelli di intensità finalizzato a ricreare il più possibile le situazioni che si presentano in partita.

Si tratta di piccoli scatti molti intensi e medi tempi di recupero, uniti al tocco del pallone, e a repentini cambi di direzione;

- lavoro sul gesto tecnico: vengono allenati tutti i gesti tecnici presenti nel calcio come il passaggio, il tiro, lo stop, il colpo di testa e vengono simulate situazioni simili a quelle reali che si creano in partita come la rimessa laterale, il calcio d'angolo, la parata, il triangolo, la sovrapposizione, lo stop e tiro ecc.;
- partita finale: ogni allenamento viene concluso con una partita finale dove i ragazzi hanno la possibilità di sfogarsi, divertirsi ma anche di mettere in pratica le situazioni provate nelle fasi precedenti dell'allenamento.

Uno degli aspetti più importanti da tenere in considerazione è il fatto che il lavoro intende portare gli atleti a poter sostenere partite a livello agonistico confrontandosi con altre realtà simili, pertanto risulta necessario e di fondamentale importanza insistere sul lavoro tattico, ricreando in allenamento situazioni simili a quelle che si possono verificare in partita. Poiché risulta impossibile esaminare e lavorare su un numero vasto di situazioni, spesso è sufficiente insistere su quelle più frequenti e di più facile applicazione come il triangolo, la sovrapposizione o il semplice passaggio e tiro. Per rendere più efficace il lavoro vengono usati anche strumenti "passivi" di allenamento, come le lavagne, per spiegare schemi di gioco. Vedere l'applicazione di queste lavagne quando è necessario in partita risulta essere uno dei momenti più gratificanti e stimolanti per il prosieguo del lavoro.

8.5. Collaborare

Un'importante ulteriore possibilità per effettuare un buon lavoro è rappresentata dalla diretta collaborazione con alcuni professionisti che seguono i nostri atleti. Confrontarsi con la figura medica che ha in cura un atleta, con l'educatore della comunità in cui essi vivono, o semplicemente con i genitori degli stessi, aiuta a effettuare un lavoro più mirato e sicuramente più utile.

Un esempio è rappresentato dal lavoro in corso con G., una ragazza di 17 anni con autismo con la quale, essendo in pieno accordo e in contatto diretto con la sua logopedista, è utilizzato il metodo della Comunicazione Aumentativa e Alternativa (C.A.A.). Tale termine descrive tutte le modalità di comunicazione che possono facilitare e migliorare la comunicazione per le persone che hanno difficoltà ad utilizzare i più comuni canali comunicativi, soprattutto il linguaggio orale e la scrittura. Si definisce "aumentativa" perché non sostituisce, ma incrementa le possibilità comunicative naturali della persona e si definisce "alternativa" perché utilizza modalità di comunicazione alternative e diverse da quelle tradizionali. Si tratta di un approccio che tende a creare opportunità di reale comunicazione anche attraverso tecniche, strategie e tecnologie che coinvolgono la persona che utilizza la C.A.A. e tutto il suo ambiente di vita. Nel caso specifico vengono utilizzati una serie di simboli che sono associati ad azioni ben precise, che fanno parte delle nostre attività o del modo di comportarsi in campo. Durante una partita, nel momento in cui Giulia scende in campo, un tecnico le farà da "atleta partner": il suo compito consiste nel guidarla e comunicare con lei mostrandole i simboli corretti che corrispondono ad una ben precisa azione.

8.6. Il progetto autismo

Da non molto tempo all'interno del gruppo calcio della polisportiva *SuperHabily* ci siamo trovati con un numero di atleti autistici significativo e, poiché l'autismo è una situazione particolare da trattare a causa della grande diversità di comportamenti che caratterizza tale disabilità, si è deciso di effettuare un lavoro diversificato, in pieno accordo e con l'entusiasmo delle famiglie e delle comunità nelle quali vivono i ragazzi. Concretamente, il nostro lavoro è stato quello di effettuare sedute di allenamento esclusive per i ragazzi autistici in momenti diversi da quelli pensati per tutto il resto della squadra: il target di intervento sono i comportamenti motori e mentali dei soggetti autistici su un campo da calcio. Si è optato per la formazione di un gruppo ristretto per facilitare il mantenimento dell'attenzione da parte degli atleti sul lavoro proposto, permettendo ai tecnici di effettuare un supporto più efficace e di poter analizzare con attenzione ogni comportamento.

Ogni piccolo dettaglio, insignificante per un normodotato, può rivelarsi invece determinante per un soggetto autistico e può dare il via a differenti reazioni. Ad esempio, la scelta del campo è una variabile importante: esso non deve avere troppi colori di fondo, troppe tracciature e troppe distrazioni esterne - comprese quelle acustiche.

Tale progetto è tuttora in corso e ha come fondamento scientifico uno studio effettuato dai ricercatori dell'IRCCS Fondazione Santa Lucia di Roma i quali hanno dato vita al progetto *"Caress"* (*from Childhood to Adulthood: Rehabilitation and Enabling Sport for Sociability*), il cui scopo è quello sia di creare un ponte tra l'ospedale di neuro-riabilitazione e la società civile per l'integrazione di ragazzi con disabilità motorie e intellettive sia di monitorare la loro attività fisica in modo scientifico. Il progetto è sostenuto dalla provincia di Roma e dalla Totti *Soccer School* ed ha permesso ai ricercatori del laboratorio clinico di neuro-riabilitazione sperimentale di studiare direttamente sul campo le abilità motorie di questi ragazzi. Il metodo prevede l'impiego di sensori miniaturizzati, posizionati sul tronco dei ragazzi attraverso una cintura elastica, per valutare le prestazioni durante gli allenamenti: dati empirici hanno messo in luce che i bambini con paralisi cerebrale si muovono in modo più armonioso quando corrono, rispetto a quando camminano. L'ipotesi dei ricercatori è che la corsa sia uno schema locomotorio ancestrale (Iosa *et al.*, 2013).

In uno studio degli stessi autori (Iosa *et al.*, 2014) sono stati analizzati i movimenti di ragazzi con sindrome di *Down*, autismo o altri disturbi pervasivi dello sviluppo, durante un allenamento svolto direttamente sul campo, mentre camminano, corrono e corrono con il pallone tra i piedi verso la porta. Proprio durante quest'ultimo compito emergono le maggiori differenze rispetto ai ragazzi sani, in termini di alterazioni nelle strategie motorie specifiche a seconda della patologia. I ragazzi affetti da sindrome di Down, ad esempio, mostrano maggiori accelerazioni nell'asse verticale, ovvero una corsa fatta a gambe più rigide; mentre i ragazzi con autismo mostrano maggiori instabilità sul piano orizzontale, dovute alle difficoltà nel correre in linea dovendo al tempo stesso mantenere l'attenzione verso l'obiettivo, nel caso specifico rappresentato dalla porta. Il fatto che emergano queste differenze durante l'allenamento con la palla rende possibile una loro correzione.

Nei ragazzi con autismo, ad esempio, sviluppare la capacità di correre e al tempo stesso mantenere l'attenzione sull'obiettivo, potrebbe aiutare in tutte le situazioni *dual tasking*, ovvero quelle in cui si devono compiere due compiti contemporaneamente, come scrivere mentre si ascolta il professore che spiega o attraversare la strada mentre si guarda se arrivano automobili.

Lo studio sostiene l'idea che lo sport possa rappresentare un aiuto concreto per vivere meglio la propria disabilità, sostenuto anche dalla controprova scientifica. *SuperHabily* in assenza di simili risorse tecnologiche e umane, si affida ai *feedback* ricevuti dalle famiglie e dalla comunità per fare una valutazione della reale efficacia dell'attività proposta.

8.7. Prospettive future

In Italia ci sono ogni anno sessantamila nuovi disabili, di cui ventimila provocati dagli infortuni sul lavoro e a livello sportivo. Si contano 747 società che si occupano di sport per disabili per un totale di 16109 tesserati e 9935 atleti. Si tratta anche di persone con disabilità mentale che sono padroni delle loro vite, orgogliose della loro autonomia, tanto che nei media è diventato di moda sottolinearne con enfasi i successi da questo punto di vista. Tali successi hanno fatto diffusamente crescere la consapevolezza che le persone disabili devono essere ascoltate nel corpo sociale con pieno diritto e valorizzazione delle proprie potenzialità. Uno degli obblighi principali della società consiste nella salvaguardia della salute di ogni individuo e, sapendo che i termini "sport" e "salute" procedono molto spesso sul medesimo sentiero, è necessario portare avanti con grande determinazione un simile progetto.

Gli atleti del progetto *SuperHabily* presentano differenti tipologie di disabilità e ognuno di essi va individualmente scoperto, guidato, motivato e messo nelle condizioni ideali per poter raggiungere un significativo miglioramento motorio generico e specifico per lo sport praticato. Ogni singolo atleta necessita e merita un'attenzione personalizzata e, dove necessario, un adattamento del metodo di lavoro per permettere di sviluppare nel migliore dei modi le proprie potenzialità. Un altro aspetto importante del progetto è rappresentato da quella caratteristica che rende senza dubbio unico ogni sport di squadra, cioè la necessità di convivere all'interno di uno spogliatoio, dove chiaramente non è possibile ricreare le condizioni ideali per ogni singolo atleta, ma dove nasce l'esigenza di condividere regole, problematiche, delusioni e gioie. Un contesto che per tanti di loro risulta essere almeno inizialmente sconosciuto, ma che alla lunga si rivela forse la più efficacie delle terapie.

Associazioni come *SuperHabily* permettono di guardare la persona disabile da un'altra prospettiva: il disabile non è più solo un soggetto con un problema oggettivo che richiede supporto, ma è una persona con un vastissimo potenziale che bisogna aiutare a esprimere attraverso stimoli idonei e giusti strumenti. Ogni atleta di *SuperHabily* ha iniziato un percorso educativo, sportivo e sociale il giorno stesso in cui ha messo piede per la prima volta in campo, e, allenamento dopo allenamento, affronta una crescita continua, guidata ed esponenziale.

9. ESPERIENZE DI ATLETI
Maria Chiara Crippa, Caterina Simoncelli e Matteo Vagli

Ciò che distingue lo sport agonistico da quello amatoriale è principalmente il fattore motivazionale: si pratica lo sport per il puro piacere di farlo, senza obiettivi competitivi, magari per rimanere in forma o come occasione per stare con gli amici, oppure si fa sport per raggiungere obiettivi sportivi ben precisi attraverso la costanza nell'allenamento, il sacrificio e la dedizione per superare i propri limiti?

Lo sport a livello agonistico richiede motivazioni forti, la capacità di gestire a livello fisico e mentale carichi di allenamento sempre maggiori, l'abilità di tenere sotto controllo le variabili emotive che la competizione innesca, il sapersi concentrare su ciò che è importante rispetto agli scopi che si è prefissati, la capacità di leggere in maniera adeguata il successo e l'insuccesso. Lo sport in generale, e l'agonismo ancora di più, sollecita una molteplicità di abilità mentali che Martens (1987) ha distinto in cinque principali categorie: formulazione degli obiettivi (*goal setting*), modulazione dello stato di attivazione (*arousal*), controllo dell'attenzione, gestione dello stress e controllo dell'attività immaginativa. Nel presente capitolo descriviamo tre casi di adolescenti che praticano sport a livello agonistico che si sono rivolti a uno psicologo dello sport per ottimizzare le loro abilità mentali, non solo per migliorare i propri risultati, ma soprattutto per raggiungere uno stato di benessere e funzionamento ottimale che facilita la prestazione sportiva.

9.1. Giorgio: motivazione e formulazione di obiettivi

Giorgio ha 16 anni e gioca a calcio a livello agonistico. Dopo qualche anno in un settore giovanile di una società professionistica, si ritrova a giocare in una categoria inferiore. Vive tutto ciò come un declassamento, una sorta di segnale che non è più in grado di rimanere a certi livelli. La famiglia, che prende il primo contatto con lo psicologo, si dice preoccupata dell'atteggiamento del figlio, dato che Giorgio appare demotivato e non sembra più divertirsi.

Dopo un primo contatto via email che descriveva brevemente la situazione, lo psicologo incontra Giorgio e la sua famiglia, per capire meglio la situazione. Il primo incontro è molto interessante. Il padre, una persona intelligente, si dimostra realmente interessato al benessere del figlio. Il punto, che più volte sottolinea, non è tanto far tornare Giorgio ad alti livelli, ma fargli ritrovare il gusto di giocare, rivederlo determinato e felice come prima.

Una volta terminato il primo colloquio, Giorgio decide di intraprendere un percorso con lo psicologo. In seguito ad una fase di *assessment*, la motivazione appare essere il punto focale della situazione. Ragazzo maturo ed intelligente, Giorgio sembra aver perso la motivazione a praticare il proprio sport: giocare a calcio gli piace, ma non riesce più a "dare tutto", ad impegnarsi a fondo.

Quando viene a mancare la motivazione, bisogna prima di tutto porsi una domanda: voglio continuare a fare questo sport? La risposta di Giorgio è stata affermativa. Il ragazzo ha dimostrato in più modi di essere interessato a continuare a giocare. Allora cosa è cambiato in questi anni? Dopo qualche colloquio, emerge uno scarso senso di autoefficacia. Giorgio parla sempre di fiducia, di essere sicuri di sé, ma non è tanto una questione di *self confidence*, quanto di autoefficacia. Giorgio non si sente più in grado di fare determinate cose. La "retrocessione" subita lo ha portato a non considerarsi più all'altezza delle proprie aspettative.

Lo psicologo valuta l'opportunità di muoversi su tre livelli principali: la consapevolezza, la capacità di porsi obiettivi e la preparazione mentale specifica.

La consapevolezza

Potremmo definirlo l'unico vero obiettivo di un percorso di psicologia dello sport. Essere consapevoli è il primo passo per cambiare, se non conosciamo chi siamo o come reagiamo a determinate situazioni, come possiamo cambiare?

Lavorare sulla consapevolezza è impegnativo. Significa imparare ad osservarsi, significa avere voglia di ascoltarsi e fare i conti con se stessi. Non è un lavoro facile, a maggior ragione per un adolescente, ma lo psicologo ritiene di poterlo proporre a Giorgio, data la sua maturità. L'ipotesi si rivela corretta: attraverso l'utilizzo di un diario, Giorgio impara a conoscersi e ad osservarsi, raggiungendo un livello di consapevolezza decisamente superiore alla media dei suoi coetanei.

Porsi degli obiettivi

Se non ti conosci, non puoi porti degli obiettivi, sembra scontato, ma non è così. La prima volta che hanno parlato di obiettivi, lo psicologo ha lasciato carta bianca a Giorgio. Essendo all'inizio del percorso, hanno stabilito obiettivi poco raggiungibili ed eccessivamente complessi. Lo psicologo lascia a Giorgio qualche settimana, affinché se ne renda conto, dopodiché, su sua richiesta, rivedono il tutto, delineando un obiettivo chiaro e raggiungibile, un obiettivo SMART (si veda cap.1).

Preparazione mentale specifica

Per lavorare sull'autoefficacia, lo psicologo e Giorgio decidono insieme di migliorare l'atteggiamento nei confronti della gara. Grazie ad un lavoro sulla gestione dei pensieri, creano un ancoraggio legato ad una delle sue più belle prestazioni (avvenuta qualche anno prima) e lo allenano con la tecnica della visualizzazione, affiancandolo sempre a sensazioni positive.

Conclusione

A distanza di cinque mesi lo psicologo sta ancora lavorando con Giorgio e si dice piacevolmente stupito dal ragazzo: oltre ad aver migliorato nettamente il proprio atteggiamento in partita, si riscontrano miglioramenti anche sul fronte scolastico.

Durante l'ultimo incontro con Giorgio, lo psicologo riceve una notizia che conferma la capacità del ragazzo nel mettere in pratica quanto discusso in seduta: appena arrivato in studio, il ragazzo racconta di aver segnato un gol (non segnava da molto tempo), ma l'aspetto interessante riguarda la dinamica di questo gol. Essendo molto dotato tecnicamente, Giorgio avrebbe potuto segnare un gol *pulito, di classe*, invece Giorgio ha segnato grazie alla propria determinazione: su una palla lunga del compagno, è prima riuscito ad arrivarci e a stopparla (qualche mese prima, probabilmente non ci avrebbe nemmeno provato), poi ha lottato, vincendo più volte dei contrasti, prima con il portiere e poi con un difensore. Insomma, un gol di pura determinazione.

Naturalmente, il percorso con Giorgio non può ancora considerarsi terminato, ma emerge chiaramente come un buon grado di consapevolezza e una definizione chiara degli obiettivi, uniti ad un allenamento mentale specifico, possano portare netti miglioramenti sul senso di autoefficacia e sulla motivazione di un atleta.

9.2. Serena: la gestione delle emozioni e dello stress

Serena è una ragazza di 17 anni, fa pattinaggio su ghiaccio e ha deciso di iniziare un percorso di psicologia dello sport perché ogni volta che deve affrontare la gara va estremamente in ansia. Questo non le permette di rendere come vorrebbe e si ritrova a fare gare al di sotto delle sue capacità. Serena vive situazioni simili anche quando deve far fronte alle interrogazioni e ad alcune verifiche che lei vive come particolarmente difficili.

Durante il primo incontro, lo psicologo le chiede di raccontare meglio queste situazioni, per cercare di capire più a fondo cosa avviene e quali pensieri la influenzano.

Serena è molto consapevole di sé e di quello che le succede; racconta che prima delle gare è come se si scatenasse dentro di lei un "demone", provocandole accelerazione del battito cardiaco e una sensazione di vomito. Le gambe diventano inesistenti e non ha più alcun potere su di loro, è una sensazione che le toglie la forza e crede di non essere più in grado di fare nulla. In quel momento è come se perdesse il controllo del suo corpo, cerca in tutti i modi di contrastarlo, senza alcun effetto benefico. Queste sensazioni le creano molto disagio e tristezza, perché sa dove la conducono: a una prestazione scadente, e di conseguenza, per l'ennesima volta, finisce con lo sprecare tutti i sacrifici fatti in allenamento.

Il percorso inizia con una serie di questionari per approfondire diverse aree e, tra le altre cose, emergono bassi livelli di autostima, compensati da un'alta motivazione alla pratica sportiva.

Si decide con la ragazza che il lavoro con lei riguarderà i seguenti obiettivi:

- Consapevolezza di sé e delle proprie capacità
- Consapevolezza e gestione delle proprie emozioni
- Gestione dello stress
- Creazione di una routine pre-gara.

Consapevolezza di sé e delle proprie capacità

Si tratta di un obiettivo trasversale a tutti gli incontri, perché promuovere la consapevolezza di sé è fondamentale per poter poi attuare un cambiamento. La consapevolezza delle proprie capacità ha l'obiettivo di aumentare l'autostima e l'auto-efficacia, portando l'attenzione della giovane atleta sulle cose che riesce a far bene, piuttosto che su quelle cose che non riesce a fare.

Consapevolezza delle proprie emozioni

È fondamentale riuscire a lavorare anche sulla conoscenza e sul riconoscimento delle proprie emozioni, ed è importante far capire a Serena che lo stato di ansia è seguito/preceduto da diverse emozioni e pensieri che sono in grado di alimentare o ridurre l'ansia stessa. Essere consapevoli di ciò che si sta provando è il primo passo per riprendere in mano la gestione di sé in situazioni stressanti. Anche solo dare un nome a ciò che si sta vivendo può, in alcuni casi, migliorare il vissuto della persona e le sue reazioni, così come il suo comportamento.

Gestione dello stress

L'attivazione fisiologica non è di per sé una cosa negativa, ma lo diventa se la si interpreta negativamente, se viene accompagnata da pensieri negativi. Un esempio possono essere le montagne russe: di per sé non sono pericolose, perché sono costruite secondo determinate regole di sicurezza e sono fatte appositamente per provocare una reazione psico-fisiologica in chi ne usufruisce. Che cosa fa allora la differenza tra le persone a cui piacciono e quelle a cui non piacciono proprio? La differenza è nell'interpretazione che si fa dell'attivazione fisiologica rispetto alle montagne russe: alcuni possono pensare che sia "adrenalina" e sia divertente, altri posso interpretare la situazione come pericolosa. Queste esperienze influenzano la reazione di fronte ad esse e il modo di comportarsi nel futuro.

Solitamente un vissuto negativo porta un'attivazione fisiologica che risulta incontrollabile e spiacevole e spesso, come in questo caso, non si sa come recuperare il controllo e come reagire. Uno degli obiettivi principali degli incontri con Serena è sicuramente quello di insegnarle una tecnica di rilassamento per aumentare la capacità di gestione degli eventi stressanti e delle sue reazioni psico-fisiologiche.

In questo caso, lo psicologo decide di applicare il Training Autogeno di Schultz (1996) in particolare gli esercizi di base e quelli complementari. Il *training* autogeno è molto utile sia per aumentare la consapevolezza corporea e portare l'attenzione sul corpo, sia per avere nel proprio repertorio una tecnica per gestire l'ansia.

L'attenzione sul corpo è fondamentale, perché con la pratica porta la persona ad armonizzarsi e a riappropriarsi del proprio corpo, troppo spesso trascurato. Il *training* autogeno fa capire alla persona come il proprio corpo reagisce agli stimoli e i diversi parametri fisiologici coinvolti. Inoltre, è un modo per rilassarsi.

Con questa tecnica si può gestire meglio l'ansia perché la persona impara ad accorgersi dei segnali di tensione e agitazione, prima di essere nel vortice incontrollabile dell'ansia e della paura, e, in questo modo, si può agire subito, mettendo in pratica tale tecnica.

Ovviamente, per imparare il *training* autogeno, e qualsiasi altra tecnica, viene richiesto un allenamento costante. Come ci vogliono tempo e pratica per imparare un gesto tecnico, così ci vogliono tempo e pratica per imparare il rilassamento, e più si possiede tale tecnica, più si è in grado di modificare il proprio stato fisiologico e mentale in poco tempo e in situazioni differenti.

Creazione di una routine pre-gara
La creazione di una routine, ossia di uno o più gesti da ripetere sempre prima della prestazione, permette di aumentare il senso di controllo della situazione e la sicurezza nelle proprie capacità. Le routine possono essere create per il pre-gara, per le pause oppure durante la prestazione. Nel caso del pattinaggio sul ghiaccio è meglio concentrarsi su quelle pre-gara in quando non esistono pause durante la prestazione.
La routine è utile per portare la persona a essere già pronta poco prima dell'inizio della *performance*. C'è una grande differenza tra un atleta che è pronto all'azione dopo i primi 5/10 secondi di inizio gara e un atleta che è pronto già 5 secondi prima di iniziare la propria *performance*. In questo modo l'atleta riesce a focalizzare l'attenzione su ciò che vuole e su ciò che deve fare.

Conclusione
Con questo percorso, Serena ha potuto ridurre la sua ansia pre-gara e anche negli altri ambiti della sua vita. Inoltre, si sente più padrona di se stessa e delle proprie reazioni emotive di fronte agli eventi.
Per lo psicologo dello sport che lavora con gli atleti è fondamentale ricordarsi che l'obiettivo principale è il benessere dell'atleta, ma prima ancora dell'atleta è fondamentale il benessere della persona. Lavorando sullo sport si riesce a far crescere la persona e a renderla capace di applicare le stesse tecniche o gli stessi pensieri anche ad altri ambiti della propria vita e nel futuro.

9.3. Anna: la gestione dei pensieri

Anna ha 15 anni e pratica nuoto a livello agonistico. Il nuoto è stato da sempre il suo unico sport e gareggia da quando ha 8 anni. Arriva in studio lamentando differenze sostanziali della performance tra il momento dell'allenamento e quello della gara, appuntamento che, a sue parole, vive con molta ansia.

Dopo i primi incontri conoscitivi, emerge come Anna sia caratterizzata da costanti e pervasivi pensieri svalutanti relativi a sé e alle sue doti sportive. In occasione delle competizioni, oltre ad essere onnipresenti, questi pensieri originano sensazioni di apprensione e paura, dolori allo stomaco ed una crescente tensione muscolare che si ripercuote negativamente sulla prestazione.

Lo psicologo, nella sua esperienza professionale, ha incontrato numerosi casi come quello di Anna: giovani sportivi che, pur con eccellenti doti fisiche e tecniche, nutrono una profonda sfiducia verso se stessi. Nei dialoghi con Anna emergono chiaramente frasi e parole che nascondono sentimenti di inadeguatezza, apprensione e sfiducia nelle proprie capacità di riuscita, associati a ideali di perfezioni troppo alti. Nonostante la dedizione, l'impegno e la costanza che mette nell'allenamento quotidiano, nel momento della competizione, molte delle potenzialità di Anna vengono inibite da pensieri disfunzionali e inefficaci. Una parte di lavoro condotto con la ragazza è relativo alla gestione dei pensieri, a partire dall'analisi del suo *self talk*.

Il *self talk* è quell'incessante dialogo personale interno, spesso inconsapevole, che ognuno di noi intrattiene con se stesso. Il costante "parlare a se stessi" permette di attribuire un senso alle cose che accadono, dare un orientamento alle azioni, tenere a bada le emozioni. Da un punto di vista cognitivo (Ellis, 1957) c'è continuità tra pensieri, comportamenti, emozioni e risposta fisiologica del corpo. Anna è caratterizzata da un dialogo personale molto negativo e svalutante.

Come evidenziano Robazza, Bortoli e Gramaccioni (1994) gli atleti di alto livello si caratterizzano per un'elevata fiducia in se stessi associata solitamente a pensieri positivi. Questi ultimi generano sentimenti di fiducia, di adeguatezza, di capacità di controllare la situazione che mettono l'atleta nelle condizioni di poter "performare" al meglio. Sicuramente anche atleti di alto livello hanno sperimentato e sperimentano ancora momenti come quello che stava vivendo Anna quando si è presentata in studio, il problema sorge nel momento in cui questi schemi di pensiero diventano onnipresenti e pervasivi.

I pensieri negativi sono a loro volta legati alla cosiddetta "profezia che si auto-avvera" (Merton, 1949), ovvero un meccanismo nel quale la visione del mondo che si ha nei confronti di se stessi, degli altri e della realtà si traduce in schemi di comportamento che tendono a riprodurre proprio quella visione. Se un atleta, e questo è il caso di Anna, si convince di non essere pronto per la gara e che in quelle condizioni andrà incontro a un sicuro fallimento, al momento della competizione sarà talmente agitato oppure in uno stato di disinteresse e passività tale da non avere la fluidità d'azione e la lucidità mentale per fare una buona prestazione e il risultato sarà sicuramente scadente. Al contrario, se uno sportivo si convince di essersi allenato bene, di aver fatto tutto ciò che doveva essere fatto per arrivare pronto e di voler dare il meglio di sé, si mette in un atteggiamento mentale propositivo che potrà agevolare la sua prestazione.

Quali sono le parole o le frasi che atleti con *self talk* negativo, e quindi poca di fiducia in se stessi, spesso riportano? Il più delle volte, ne era esempio la giovane nuotatrice, si sentono frasi come «Non ce la farò mai», «e se sbaglio», «se non faccio questa cosa bene, allora mi gioco tutta la gara», «sono un fallimento», «non raggiungerò mai una soddisfazione», ecc.

A prescindere dal risultato sportivo, atleti costellati da questi pensieri sperimentano spesso emozioni negative, frustrazione, senso di inadeguatezza che incidono negativamente sul benessere psicologico. Come quindi agire in questi casi?

Si riportano di seguito alcuni *step* del percorso relativo alla gestione dei pensieri, intrapreso con Anna.

Consapevolezza

Il primo passo per lavorare sulla gestione dei pensieri è quello di diventare consapevoli dei contenuti dei propri dialoghi interni.

In questa prima fase, l'obiettivo di Anna. è quello di riconoscere le parole o le frasi che si dice, le situazioni che elicitano tali cognizioni e le conseguenze che quei pensieri hanno su di sé e sulla prestazione. Attraverso la creazione di un diario (si veda Tabella 9.1) si sono potuti registrare tutti questi aspetti: Anna compila il diario ogni giorno, appena terminato l'allenamento o le gare.

Tabella 9.1 - Esempio di diario della consapevolezza

Situazione/ Evento	Pensieri	Emozioni	Comportamenti	Risposta Fisiologica

Martens (1987) distingue cinque categorie di pensieri disfunzionali e negativi:
1. Preoccupazioni sul rendimento sportivo, soprattutto quando si compete con altri;
2. Pensieri che ostacolano i processi di presa di decisione;
3. Preoccupazioni su sintomi fisici legati allo stress;
4. Preoccupazioni sulle conseguenze qualora la prestazione sia deludente;
5. Pensieri di inadeguatezza, di autocritica negativa, incapacità.

Sulla base del diario prodotto da Anna, si è proseguito nell'analisi della tipologia di pensieri ricorrenti, il loro contenuto e la loro origine. Riuscire ad individuare quale tipologia di pensieri è più presente è un ulteriore passo per poterli modificare. Più questa analisi è dettagliata, maggiore è la probabilità di riuscire a risolvere problemi e quindi muovere i primi passi verso l'incremento del rendimento sportivo.

Ristrutturazione dei pensieri
Dall'analisi condotta è stato possibile individuare la ricorrenza di certe modalità di pensiero e il loro legame con determinate

situazioni. In particolare, sono stati identificati i pensieri irrazionali, ovvero quelle cognizioni che non si basano su principi logici fondati su dati di realtà, per addentrarsi in un percorso di destrutturazione dei pensieri stessi, al fine di rendere evidente l'illogicità degli stessi.

Tra le idee irrazionali presenti nella giovane nuotatrice c'è quella della perfezione: Anna desiderava essere perfetta in tutto, dal nuoto alla scuola, non accettava l'insuccesso, ogni tempo di gara non raggiunto, anche per pochissimi decimi, era per lei motivo di immensa frustrazione che la rendeva incapace di riconoscere quello che di buono aveva fatto. Il lavoro con Anna è stato quello di ridimensionare questo ideale, ponendosi degli obiettivi più realistici e iniziando a riconoscere i piccoli miglioramenti e gli aspetti positivi anche in una prestazione che all'apparenza e in modo globale risultava essere al di sotto del suo potenziale.

Stop dei pensieri negativi

Una volta presa consapevolezza dei pensieri nocivi che scaturiscono in certe situazioni e ristrutturata la dimensione irrazionale degli stessi, lo *step* successivo è stato quello del cosiddetto *thought stop* o blocco dei pensieri, la capacità di riconoscere immediatamente un pensiero negativo, arrestarlo e sostituirlo con uno positivo. Per arrivare a ciò, il primo passo fatto con Anna è quello di fare un elenco dei pensieri negativi e di trasformarli nei corrispettivi positivi (ad esempio, «Non voglio sbagliare» si trasforma in «Faccio giusto»; «Non ce la farò» in «Ce la faccio», ecc.). Successivamente, si è lavorato sulla dimensione immaginativa, chiedendo ad Anna. di rivivere mentalmente particolari situazioni critiche, focalizzando l'attenzione sui pensieri. Quando subentrava quello negativo, doveva bloccarlo con una parola, ad esempio «Stop», e sostituirlo subito con un pensiero positivo.

Lo stop dei pensieri è una tecnica che richiede allenamento continuo e costante affinché sia efficace.

Costruzione di trigger

Un'ulteriore tecnica utilizzata nel percorso con Anna per la gestione dei pensieri è stata quella del *trigger*, la cui traduzione dall'inglese è "grilletto". Il suo ruolo è proprio quello di innescare una certa sensazione o un certo atteggiamento, così come il grilletto è la componente che dà il via al colpo di pistola. Il *trigger* può essere una parola, un'immagine o persino un gesto la cui presenza è associata a una serie di sensazioni positive per l'atleta. Nel caso di Anna, sono stati costruiti due *trigger*: un *trigger*-immagine, che lei richiamava prima di ogni gara per ancorare la sensazione di sicurezza e fiducia in se stessa e nelle proprie capacità e un *trigger*-parola ("fluidità") per richiamare le caratteristiche della nuotata ottimale, che sapeva di essere in grado di fare.

Formulazione di frasi positive
Come ha dimostrato Fredrickson (2004), i pensieri positivi, oltre che generare benessere, ampliano il patrimonio cognitivo e comportamentale dell'individuo, aumentano le sue capacità di *problem solving* e *decision making*, rafforzano l'auto-efficacia personale e la creatività. Dirsi frasi positive può essere utile nei momenti critici della prestazione, quando si sperimenta fatica, nelle fasi monotone dell'attività, oppure quando la voglia di mollare è alle porte. Incitarsi con affermazioni formulate al presente che orientano l'azione può essere una buona strategia mentale per favorire la prestazione. Rushall (1984) distingue diverse tipologie di frasi positive usate per incoraggiarsi:
-    frasi per controllare lo sforzo («Concentrati», «Continua così»);
-    frasi per orientare la prestazione («Accelera», «Mantieni questo ritmo costante»); incoraggiamenti personali («Bravo», «Bene così», «Dai»); frasi positive in generale («Ottimo lavoro», «Ben fatto»).
Lo psicologo ha creato insieme ad Anna un elenco di frasi positive da utilizzare in diverse situazioni con obiettivi differenti.
Il lavoro condotto con Anna sulla gestione dei pensieri disfunzionali si è rivelato molto positivo: la nuotatrice è ora in grado di ridimensionare la portata emotiva degli eventi e sa gestire in modo ottimale i pensieri negativi che talvolta ritornano. Anna ha inoltre acquisito sicurezza in se stessa e nelle

proprie capacità, fattore che le ha permesso di affrontare con molta più serenità la vita da agonista.

10. STORIE DI SPORT
Maria Chiara Crippa, Caterina Simoncelli, Matteo Vagli

Questo capitolo è dedicato ad alcune storie di sport, si tratta di un viaggio all'interno di racconti umani e sportivi, ognuno caratterizzato da elementi unici e particolari. Daniele Luppari racconta della sua malattia e del ruolo che lo sport ha avuto nei momenti difficili della sua vita sottolineando il tema centrale della motivazione. Davide Cattaneo affronta il tema degli aspetti educativi legati allo sport ripercorrendo la sua carriera prima da calciatore professionista ora da allenatore, educatore e mental coach. La storia di Alessandra Tagliabue ripercorre il tema della passione e dello sport praticato nella fase adulta della vita. Con la storia di Paolo Cozzi e Dario Betti si entra nel mondo dello sport agonistico ad alti livelli: il primo, ex nazionale azzurra di volley e atleta olimpico, il secondo plurimedagliato nel pattinaggio artistico a rotelle. I loro racconti svelano l'umanità che si nasconde dietro ai successi, vittorie sudate, frutto di percorsi di cambiamento e di rinnovamento personali.

10.1. Daniele Luppari: una storia di malattia e di rivincita

Daniele Luppari, 42 anni. Marito e padre di famiglia. Barista nella vita. Corsa, bici e nuoto sono i suoi sport.
«Ho 39 anni, non ho mai vinto una gara e non mi alleno per battere nessuno. Amo la corsa, amo il nuoto, amo la bicicletta e quando posso, più che posso, mi impegno, perché questi amori crescano e si diffondano verso chi mi sta intorno. Comprendo facilmente chi fa sport per vincere; la competizione stimola i muscoli e sprona a calibrare le energie ed esercita la lucidità mentale. Per me lo sport però non è questo. Lo sport è amore perché attraverso questo affermo la mia volontà di vivere, di faticare, di concentrarmi per raggiungere i miei progressi. È

amore perché non ledo me stesso in alcun modo, forzando il mio corpo ad andare oltre i limiti naturali.

Lo sport, come fonte di energia rinnovabile, mi ha imposto il concetto di umiltà, ma mi insegna anche che, attraverso l'allenamento, lo studio, la cura di me stesso, posso arrivare un passo sempre più in là.

Vengo da un'esperienza di malattia grave, un tumore che, 13 anni fa, mi ha colpito come un fulmine a ciel sereno, come una scivolata brusca prima della linea del traguardo. Il mio fisico era sano, praticavo sport fin da ragazzino; una malattia del genere, velocemente degenerativa e altamente punitiva era per me qualcosa di inspiegabile. Ricordo che, in più occasioni, ho associato i vari step di guarigione, alla mia tabella di allenamento. Questo rendeva la malattia non una condanna, ma una prova, durissima e dolorosa, ma comunque una prova di resistenza, una prova di allenamento molto intensa, una full immersion di fatica, prima delle olimpiadi. Non sono guarito, perché sono sportivo dalla nascita. Sono guarito perché ho avuto un buon team alle spalle, un medico tosto, una famiglia molto presente e anche perché, con metodo e disciplina, in ogni tappa, ho ascoltato i segnali del corpo, così come lo sport mi ha insegnato a fare in tanti anni di attività.

La guarigione e la nascita di mio figlio sono stati le mie vittorie più grandi, le mie maglie rosa, le mie dichiarazioni di amore alla vita; non ho mai pensato di morire, ho solo pensato che il dolore che provavo dovesse essere parte integrante della mia rinascita fisica e interiore. Praticare sport, sport diversi oltretutto con diverse difficoltà, mi ha ripagato, fosse solo per avermi insegnato l'attitudine a stringere i denti ed andare oltre il dolore dato dalla sensazione di non farcela. Durante l'estenuante percorso chemioterapico, non ho mai detto «Non ce la faccio più». Non riesco a dirlo ora, quando mi alleno, perché le vibrazioni e le emozioni che mi dà la bicicletta, o una nuotata importante rigenerano in me sempre nuovi stimoli e nuove mete. In questi anni, lo sport è stato per me una chiave di lettura delle difficoltà della vita, mi ha dato gli strumenti per affrontare crudeli e improvvise cadute, mi ha regalato scorci di gioia immensi, come quella che prova ogni ciclista professionista quando arriva in fondo alla meta, mi ha dato sudore, di sicuro, mi ha insegnato che non esiste sempre una scorciatoia nella vita, per arrivare puliti a destinazione, ma che, di tanto in tanto, è necessario allungare la strada, fermarsi, respirare, ascoltarsi, saper reagire alla paura e procedere nel percorso.

Questo vorrei che arrivasse a mio figlio ora, proprio in quest'epoca cui, spesso, è sufficiente schiacciare un bottone per avere il Risultato. Chi fa sport, anche se non necessariamente per vincere, non ha vita facile, non aumenta la massa muscolare con zero sforzo, non aumenta il fiato all'improvviso, non migliora le prestazioni se non attraverso l'allenamento, la costanza, l'umiltà, come tutti i grandi sportivi ci hanno insegnato da sempre.

Concentrazione e obiettivi sono due concetti che mi accompagnano, oltre che passione e gioia di affrontare sfide e novità. È l'atteggiamento che io trovo più adatto per non farsi sopraffare dai momenti duri della vita, è un modo per non spaventarsi se non si arriva primi o se ci si sbuccia un ginocchio cadendo. Vivere la malattia è stata una lunghissima maratona in ogni momento, partendo con la paura alla partenza e l'euforia dopo i primi chilometri. Si sono intervallate poi mille sensazioni, passando dalle crisi di dolore fisico e morale, alla felicità di raggiungere il traguardo. C'è un momento mentre mi alleno, in cui la testa non pensa a quello che sto facendo, ma a quello che diventerà il mio prossimo impegno da portare a termine. È un esercizio che ho appreso proprio durante il periodo delle cure. Se avessi dato forza all'immagine di me malato, sarei stato vinto dalla debolezza. Aver creduto fino in fondo di arrivare vittorioso, prefissandomi uno scopo, un "dopo" da raggiungere è stato indispensabile per non percepire lo sforzo. Questo però non significa che io non sia presente nei miei allenamenti o nelle mie gare. Ci sono e mi ascolto, perché se non mi ascoltassi, non proverei nemmeno la felicità nel sentire il fisico proteso verso la fatica.

La fatica, appunto, è stata una compagna di viaggio fedele quando ho deciso di intraprendere la sfida durante l'estate del 2014, l'attraversamento dell'Italia in una settimana. La percezione della fatica, della sofferenza del corpo affaticato *erano indispensabili elementi per sentirmi accanto a chi, per curarmi ha dedicato tempo e passione. Ricordo però che, nuovamente, sono stati necessari obiettivi e disciplina. Nel giorno che segnò la fine del primo tempo della mia vita e l'inizio del secondo, alle parole del medico che mi presentava il "rullo compressore" attraverso il quale sarei passato, ho risposto con la promessa che avrei tentato la maratona di New York. Ho guardato oltre lo smarrimento di quegli istanti di vita, fissando un punto da raggiungere, senza riflettere a lungo sul mezzo che avrei dovuto usare per arrivare.*

Esiste davvero un parallelismo tra chi fa sport e vuole ottenere risultati professionali e chi si ammala e vuole riconquistarsi la vita; solo chi fa sport e capisce la sofferenza di determinati allenamenti può ritrovarsi allenato senza saperlo, capendo che lo sport non lo rende immune dalla malattia ma di sicuro saprà aiutarlo per affrontarla».

Commentare la storia di vita di Daniele Luppari appare quasi un sacrilegio, un'azione scomoda al testo che rischia di sminuirne la profondità, la poesia e il messaggio profondo che contiene. La sua storia tocca le corde del cuore. La nostra riflessione parte proprio dalla frase finale, che racchiude il credo di Daniele e le parole che, sin dal primo giorno della nostra conoscenza, ha continuato a sottolineare: «Lo sport non rende immuni dalla malattia ma aiuta ad affrontarla». Daniele non è guarito perché ha sempre condotto una vita sana e attiva, le ragioni della sua guarigione non sono del tutto note, ma la sua forza d'animo, un corpo abituato alle fatiche dell'allenamento e la volontà di tenere duro e stringere i denti lo hanno aiutato ad affrontare un periodo cupo e difficile. Daniele non smette mai di ripetere come lo sport sia stato per lui una fonte di sostentamento fisico e mentale. Lo sport, che ha praticato sin dalla tenera infanzia, gli ha insegnato i valori dell'impegno, della fatica fisica e mentale, del sacrificio, dello sguardo proiettato verso obiettivi, della tenacia, della costanza, dell'umiltà, della gioia e della gratificazione. Per Daniele lo sport è amore, è uno dei mezzi attraverso cui realizzare se stesso in quanto persona, padre di famiglia, figlio e marito. Rifacendosi alla piramide dei bisogni di Maslow (1954), lo sport risponde al bisogno umano fondamentale dell'autorealizzazione, ovvero dell'espressione della propria identità, dei propri principi e valori, delle proprie potenzialità e risorse. Per questo motivo, lo sport per Daniele è linfa vitale, «energia rinnovabile». Usando altre parole, ciò che «muove» Daniele alla pratica sportiva, non è la ricerca esasperata del risultato, il desiderio di vittoria, la brama di prevalere sugli avversari ma una passione travolgente, di cui non può fare a meno. Daniele è caratterizzato perciò da una forte motivazione di tipo intrinseco.

A Daniele, la malattia è cascata addosso quando aveva 26 anni, in quella fase dell'esistenza costellata da progetti futuri e tanta voglia di vivere. Un evento impensabile per quell'età. Daniele aveva due possibilità: considerare se stesso come una vittima innocente di una condanna di cui era stato imputato senza alcuna ragione e quindi logorarsi in questo dramma; oppure decidere di vivere ciò che stava accadendo come una sfida (difficilissima) una prova (durissima), un allenamento (estenuante) come i tanti che però aveva già fatto. Ha deciso di seguire la seconda strada: un evento indiscutibilmente negativo è riuscito a trasformarlo in un qualcosa che per lui poteva essere vissuto come sfidante, un qualcosa per cui valeva la pena lottare e sentirsi comunque vivo. Daniele è un esempio della capacità di saper ribaltare la prospettiva attraverso cui leggere gli eventi della realtà al fine di renderli accettabili, controllabili e tollerabili. *«Non ce la faccio»*, non è mai stato parte del suo vocabolario. Dirsi *«Non ce la faccio»* in molte situazioni porta con sé il vissuto della sconfitta, dell'inadeguatezza e della sfiducia. Pensare *«Non ce la faccio»* prima di una qualsiasi sfida, come quelle sportive, non fa altro che richiamare alla mente emozioni e sensazioni negative che sfavoriscono quell'atteggiamento mentale funzionale alla prestazione. Oltre all'atteggiamento mentale positivo, Daniele ha fatto degli obiettivi il suo punto di forza. Quando gli è stato diagnosticato il tumore, ricorda che la prima cosa che disse alla sua oncologa fu: «Quando sarò guarito, correrò la Maratona di New York». In questa frase, all'apparenza fuori luogo per il contesto in cui fu pronunciata, porta invece significati molto importanti per l'esperienza che Daniele stava vivendo e avrebbe

vissuto:
-   la frase è un obiettivo *SMART*. Gli obiettivi diventano un faro che illumina una strada buia e tortuosa e danno ragione e senso alla fatica del percorso. Essi sono linfa vitale, sono zucchero di cui rifornirsi quando si prospetta una strada davvero sfidante e incerta.
-   la frase esprime il desiderio di tener viva la propria identità di uomo, giovane e sportivo. Quella promessa ha permesso di allontanare l'immagine di sé malato, debole, impotente di fronte al male che di lui si era impossessato. Quella promessa ha permesso a Daniele di affrontare la malattia come un uomo vivo, forte, capace di lottare.

Daniele da sempre ha fatto degli obiettivi la sua arma per affrontare la vita quotidiana: ogni giorno si pone nuove mete e traguardi da raggiungere. La sfida del 2014 è stato un esempio.

Dalla storia di Daniele emerge un ultimo, interessante, concetto che caratterizza atleti di alto livello: la resilienza, ovvero «la capacità di persistere nel perseguire obiettivi sfidanti, fronteggiando in maniera efficace le difficoltà e gli eventi negativi che si incontrano sul cammino» (Trabucchi, 2007). L'esperienza della malattia ha permesso a Daniele di guardare con occhi nuovi il mondo, apprezzando quelle piccole cose a cui prima non dava importanza, a godere delle emozioni che costellano le sue giornate, a vivere intensamente le relazioni. Quell'evento inaspettato che gli piombò addosso all'età di 26 anni e dal quale riuscì a guarire fu per lui un'esperienza di apprendimento e di crescita inestimabile.

10.2. Alessandra Tagliabue: lo sport, la passione di una vita

Alessandra, 52 anni. Pattinatrice sul ghiaccio per passione.
«Mi chiamo Alessandra, ho 52 anni. Lo sport è stato parte della mia vita fin da piccolissima dato che la mia è una famiglia di super sportivi.
Ho sempre seguito i miei genitori con il muso perché di natura sono una pigrona ma alla fine devo ringraziarli perché adesso

non potrei fare a meno dello sport!

Mi descrivono sempre così, fin da piccola... Mi lamento sempre, non vorrei mai fare niente però poi sono quella che tiene di più e che arriva sempre fino alla fine...

Ho praticato parecchi sport: nuoto, atletica, tennis, sci, vela e infine pattinaggio sul ghiaccio. Per tutte queste discipline ho sempre fatto gare, più o meno di livello.

Non sono molto competitiva, causa scarsa autostima... Ma considero le gare un completamento di qualsiasi sport, uno scopo per cui lavorare, migliorare la tecnica, uno stimolo in più per faticare così tanto!

Tuttora ogni volta che mi devo alzare presto la mattina per gli allenamenti sul ghiaccio o devo andare in palestra devo lottare contro la mia pigrizia.... Ma poi appena sono lì mi passa tutto, sono tanto felice e non vorrei mai smettere! Dopo lo sport sono talmente carica di energia positiva che mi sento leggera e capace di affrontare qualsiasi cosa.

Amo lo sport, la fatica che ti fa sudare, lo sforzo per farcela tutte le volte, la sfida con il mio corpo...che non sempre vinco... La gioia che ti dà quando ottieni i tanto desiderati risultati!

Un altro aspetto che adoro dello sport, del pattinaggio in particolare, visto che è lo sport che pratico attualmente, è il poter condividere le stesse emozioni, i problemi, le difficoltà con atleti di livello come i nostri campioni nazionali e bambine con cui pattino durante gli allenamenti. Lo sport è una lingua universale che capiscono tutti!

Con le gare di pattinaggio ho anche la possibilità di viaggiare, conoscere nuove persone e scambiare con loro consigli e informazioni sull'argomento. Lo sport mi ha anche regalato bellissime amicizie».

Alessandra è attualmente una pattinatrice sul ghiaccio adulta. Un po' come le categorie di Master di nuoto, gli adulti ci sono anche nel pattinaggio. È una realtà, almeno in Italia poco sviluppata e non sempre considerata nelle varie società. Infatti gli adulti, oltre a incastrare la loro vita di tutti i giorni con gli allenamenti, come fanno del resto tutte le persone grandi e piccole che praticano uno sport, devono anche convivere con gli orari difficili per potersi allenare. Con queste parole ci si riferisce al fatto che spesso hanno la possibilità di pattinare solo o la mattina presto, e per presto si intende le 6.00 circa, oppure la sera, e per sera si intende anche le 22.00. Inoltre non sempre riescono a pattinare nella pista che hanno vicino casa, ma spesso, come nel caso di Alessandra che è di Monza, vanno una volta a settimana, di sera, a Bergamo per avere la pista tutta per loro e poter usufruire anche dell'uso della musica.

Alessandra racconta della sua vita e non solo di un unico sport, del fatto che fin da piccola ha avuto esempi positivi di sport e i genitori hanno cercato di passarle questa passione, e pare che ci siano anche riusciti. Quindi lo sport fa parte della sua vita, di tutta la sua vita. In questo caso si nota come gli esempi che ha ricevuto da piccola abbiano avuto un'importanza fondamentale nella sua crescita, cosa che peraltro succede in tutti i bambini. Quando si è piccoli si dipende totalmente dagli altri e si apprendono le abitudini e i modi di vivere soprattutto dai genitori. Ha sperimentato diversi sport e quindi si è messa in gioco più e più volte, decidendo di apprendere nuovi sport e partendo da zero.

È vero dice anche di avere poca autostima, ma questo non le impedisce di affrontare sempre nuove sfide e di mettersi alla prova ogni giorno confrontandosi anche con gli altri.

Lei, nei vari sport, ha sempre fatto anche le competizioni, perché le ritiene un completamento dello sport, e se ci si pensa ha ragione, lei parla di obiettivi. Senza obiettivi, in qualsiasi ambito della vita, non si va da nessuna parte, non si sa che direzione bisogna prendere e spesso si finisce per perdere la motivazione in quello che si sta facendo. Infatti il *goal setting*, come si è visto nei capitoli precedenti, è uno degli strumenti fondamentali per mantenere la motivazione alta o per capire meglio cosa veramente si vuole fare nella vita.

Lo sport aiuta sicuramente Alessandra dal punto di vista del suo benessere, la mantiene in forma e attiva nonostante la sua pigrizia. Questo è un ottimo esempio di persona che si percepisce pigra che però fa attività fisica. Quante volte si sentono le persone dire che non fanno sport perché sono pigri, oppure si sentono persone che dicono "lui fa sport perché è attivo o perché ha tante energie" ebbene questo esempio dimostra che la pigrizia non c'entra con la motivazione a fare qualcosa.

Se si rinuncia a qualcosa perché si è pigri vuol dire che non interessa veramente e che la pigrizia la si usa come alibi, come scusa, come giustificazione. Mentre se si vuole fare qualcosa veramente, se si ha la motivazione intrinseca molto alta, allora non ci sono alibi che tengono, allora si è disposti a svegliarsi alle 5.00 del mattino anche se si è dei dormiglioni per allenarsi, allora si è disposti a fare più di un'ora di strada per arrivare all'impianto sportivo che ci interessa, allora si è disposti ad andare la domenica mattina a praticare sport e così via.

Gli alibi, non solo nello sport ma anche nella vita, consentono all'individuo che ne fa uso di vedere intatta la propria immagine di sé perché è qualcosa che non ci si può far nulla, qualcosa di immodificabile, invece è molto più difficile accettare che questi alibi sono creati da noi e cercare di andare oltre e superarli.

Probabilmente chiunque conosca Alessandra di persona non pensa che sia pigra anche se lei si percepisce così. Forse era pigra da piccola ma ora non lo è più, o lo è molto meno eppure per lei è sempre uguale. Questa è anche una dimostrazione del fatto che forse non sempre ci percepiamo come realmente siamo, ma come eravamo.

È bellissimo vedere come gli adulti che praticano sport siano molto motivati e siano felici di praticare quello sport. Se anche tutti gli atleti adolescenti avessero questa motivazione arriverebbero molto più in là. Da un lato gli adulti non hanno le stesse possibilità di apprendimento e di miglioramento dal punto di vista fisico e dall'altro, a volte, gli atleti non hanno la motivazione totale in quello che stanno facendo con il risultato che alcuni si allenano tanto perdendo tempo e gli adulti si allenano poco ma dando tutti se stessi.

È un mettersi alla prova ogni giorno, superare sempre i propri limiti e scontrarsi anche con il fisico che non è più quello di un giovane adolescente ma è quello di un adulto che inizia a rispondere di meno oppure a resistere di meno agli sforzi.

È anche un modo per mantenersi giovani, Alessandra dice che dopo l'allenamento ha tantissima energia e che potrebbe fare qualsiasi cosa. Questa energia non è sicuramente solo fisica, ma è dovuta al piacere che prova nel pattinare, è come se l'uso di energia fisica e psichica per l'allenamento crei ancora più energia fisica e psichica per proseguire il resto della giornata, lo sport ti mette anche in moto, attiva tutta la persona nella sua unità di mente e corpo.

Infine nonostante Alessandra abbia deciso nella sua vita di praticare principalmente sport individuali ritiene molto importante anche l'aspetto della condivisione dello sport con gli altri, dell'importanza dell'aspetto sociale nello sport e della condivisione di interessi e esperienze. Riesce anche a trovare il lato positivo del fare delle gare anche se non le affronta pensando di essere pienamente in grado di farlo. In questo modo ha la possibilità di viaggiare e di vedere posti che altrimenti non avrebbe mai visto, questo perché la maggior parte delle gare viene fatta all'estero mentre in Italia il movimento adulti è ancora poco sviluppato.

10.3. Davide Cattaneo: educare attraverso lo sport

Davide Cattaneo, 35 anni. Presidente, allenatore e mental coach presso Palestra del Calcio a.s.d., educatore presso F.C. Internazionale e militante presso Monza Calcio, serie D italiana. «*Ho iniziato a giocare a calcio all'età di 6 anni e tutt'ora, a 33 anni, milito nella serie D italiana. Sono stato un giocatore professionista per 14 anni e praticando quello che per me è lo sport più bello al mondo ho calcato i campi di gioco con grande passione, intensità e dedizione, senza mai pensare a quello che questo gioco mi stava trasmettendo. Quando sono cresciuto ed ho iniziato a studiare materie quali pedagogia e psicologia, ho capito che anche grazie al calcio sono divenuto l'uomo che sono oggi. Questa disciplina, come tanti altri sport, è stata senza ombra di dubbio uno strumento educativo importantissimo per me e lo può essere per tutti i giovani che la praticano e che da essa possono imparare valori quali: il rispetto delle regole e delle persone (allenatori, compagni, arbitri, avversari), il sapersi porre degli obiettivi da raggiungere ed il sapersi sacrificare per ottenerli, il saper accettare le sconfitte per crescere grazie ad esse, il saper ascoltare e dialogare con le persone, il saper crescere in un gruppo e il mettersi in discussione per primo per il bene di tutti.*

Nel 2011 mi sono laureato in Scienze e Tecniche Psicologiche e per la tesi di laurea ho analizzato l'esperienza che avevo vissuto con uno psicologo dello sport, il Dott. Lorenzo Varnavà, all'A.C. Pro Sesto nel 2004/2005, focalizzandomi sul lavoro fondamentale da lui svolto sul gruppo e sui singoli giocatori con la conquista della vittoria del campionato in quell'anno, in cui dalla serie C2 abbiamo ottenuto la promozione alla serie C1.

Dal punto di vista educativo e formativo la stagione sportiva vissuta sotto la supervisione del dottor Varnavà è stata fondamentale per la mia crescita come uomo. Con la sua presenza costante e con il suo modo di insegnare, esprimere e trasmettere i concetti psicologici legati al calcio ed allo sport, tesi al raggiungimento della Top Performance, lo psicologo ha aperto la mia mente ed il mio modo di essere a nuovi e gratificanti comportamenti e ad un rinnovato modo di pensare e di relazionarmi con gli altri.

La fiducia nel compagno, il pensiero positivo, la comunicazione assertiva, il rispetto delle mie capacità e di quelle altrui, il porsi obiettivi a breve e a lungo termine, il valore del gruppo sono tutti concetti che grazie a lui ho appreso e approfondito, e che tutt'oggi fanno parte del mio bagaglio culturale. Di questo gli sarò sempre riconoscente, come lo sarò nei confronti dell'allenatore, Gianfranco Motta, che quell'anno lo ha fortemente voluto all'interno del suo staff.

Le esercitazioni che svolgevamo con loro per migliorarci e rendere più coeso il gruppo sono state sempre interessanti e piacevoli ed attraverso la ripetizione di gesti, di pensieri e di comportamenti prestabiliti in poco tempo la squadra ha acquisito maggior autostima, fiducia in se stessa e determinazione grazie allo sviluppo di noi singoli calciatori.

Un anno dopo la laurea ho conseguito il dottorato nel Master in "Diritto e Management dello Sport" presso l'Università degli Studi eCampus con il massimo dei voti, anche grazie alla tesi elaborata insieme al Professor Matteo Vagli dal titolo "L'importanza educativa dello sport. L'allenatore del settore giovanile nel calcio".

Per il ruolo che hanno ricoperto, gli allenatori sono state figure determinanti per il mio sviluppo e la mia crescita sia come persona sia come calciatore e a tanti di loro devo davvero moltissima gratitudine.

Con comportamenti amorevoli e socievoli, con maniere decise ed autorevoli, con atteggiamenti duri e a volte severi, ognuna delle persone che mi ha allenato fin da piccolo mi ha trasmesso un'istruzione ricca di valori diversi, di cui ho fatto tesoro e che ora sono parte del mio modo di essere.

Ho sempre cercato di cogliere e di fare mie le modalità educative e le qualità che ritenevo positive delle persone che erano dedicate al mio sviluppo in campo e fuori ed ora che sono cresciuto cerco di trasmetterle ai ragazzi più giovani che giocano con me, ben cosciente peraltro che anche io ho ancora molto da imparare.

Questa mia attitudine a voler essere di esempio per i giovani calciatori mi rende molto motivato a direzionare il mio futuro verso il ruolo di allenatore ed educatore, per trasmettere quelle che ora sono le mie conoscenze e le mie abilità come giocatore e come persona ai ragazzi che avrei da allenare.

Mi piacerebbe poter insegnare loro quello che altri hanno trasmesso a me in passato per aiutarli a crescere come uomini, prima che come atleti, capaci di vivere serenamente e coscienziosamente la loro vita. Questa mia volontà mi porta a considerare il ruolo dell'istruttore nel calcio e in ogni altro sport un ruolo di primo piano che va interpretato non solo per raggiungere il proprio successo, ma per far divenire persone di valore i propri allievi.

Per avvalorare queste mie riflessioni e convinzioni, nella mia tesi scritta per il Master, ho svolto un'indagine sugli aspetti ed i valori più ricorrenti negli allenatori di settore giovanile.

Il campione su cui è stata effettuata la ricerca è di 21 allenatori di sesso maschile di età compresa fra i 20 ed i 70 anni che hanno allenato in società professionistiche, dilettantistiche con prima squadra, dilettantistiche senza prima squadra e CSI (un ente di promozione sportiva).

Gli obiettivi della ricerca erano quelli di analizzare e

comprendere gli aspetti della vita di tutti i giorni a cui allenatori e società danno maggior peso all'interno delle attività con bambini e ragazzi nel settore giovanile di uno sport come il calcio.

Sono state individuate tre categorie principali da indagare: l'aspetto formativo (educare, formare, imparare, allenare e ottenere la top performance*), l'aspetto personale (vincere, fare carriera) e l'aspetto sociale (crescere con i ragazzi, divertirsi ed essere amico dei ragazzi).*

L'analisi dei dati ha fatto emergere come tutti gli istruttori tra gli obiettivi e le priorità abbiano dato grande risalto in prima linea agli aspetti formativi e successivamente a quelli sociali; infatti il rispetto delle regole, la comunicazione, la formazione ed il rapporto con i ragazzi sono state le risposte maggiormente evidenziate a dimostrazione del valore educativo che per queste persone lo sport riveste.

Un dato molto significativo che voglio sottolineare è rappresentato dal campione degli allenatori di settori giovanili professionistici che ha evidenziato come formare degli uomini sia per loro più importante rispetto al vincere o al farli diventare campioni, nonostante le pressioni della società e dei dirigenti che mirano sempre al massimo risultato sul campo.

La conclusione a cui sono arrivato nella mia tesi è perciò che il rispetto, l'accettazione delle regole, la fiducia, lo spirito di gruppo, l'amicizia, la comprensione ed il sacrificio sono i valori fatti propri da tutti gli allenatori intervistati e che in un ambiente formativo ed educativo serio, regolamentato e collaborativo è stato sottolineato come lo sport possa essere uno strumento importantissimo per lo sviluppo dei giovani calciatori in ogni aspetto della loro vita.

Da queste considerazioni, partendo da un'idea presentatami da due miei amici, è nata "Palestra del Calcio".

Palestra del Calcio è un'associazione sportiva dilettantistica, formata attualmente da sei soci, che propone una tipologia di allenamento individuale, ovvero basata sul rapporto personalizzato tra allievo ed istruttore, in cui si lavora esclusivamente per ottenere quel miglioramento globale dell'atleta, di cui prima ho accennato, grazie al supporto di

179

psicologi dello sport, di medici dello sport e di preparatori atletici qualificati che lavorano come professionisti nel calcio.

Le nuove generazioni, sfruttando il progresso tecnologico, passano sempre più tempo davanti ai telefonini, computer, tablet e videogiochi e hanno perso il piacere di giocare con i propri amici all'aria aperta.

I nostri istruttori, tutti ex giocatori professionisti, grazie ad un lavoro di scouting internazionale hanno la possibilità di lavorare con strumenti innovativi e tecnologicamente avanzati nel panorama nazionale per rendere emozionante ed appassionante correre, far fatica, lottare e giocare su un campo da calcio.

Riscoprire quindi la passione ed il piacere di divertirsi con un pallone attraverso una metodologia ricca di strumenti fin d'ora mai utilizzati può essere la chiave per invogliare i ragazzi di oggi ad uscire di casa per praticare questo sport con l'intento di divertirsi e migliorarsi tecnicamente e fisicamente.

Uno dei nostri obiettivi primari è proprio quello di sostenere e accompagnare la crescita dei giocatori di settore giovanile attraverso un corretto sviluppo delle componenti tecniche, tattiche, fisiche e mentali, non sostituendoci alle società in cui i giovani calciatori giocano e sono iscritti, ma divenendo complementari a loro nel favorire educazione e miglioramento del calciatore per suo beneficio personale, ma anche per il beneficio della squadra in cui milita.

L'idea alla base del progetto è di dare maggior valore e maggior attenzione al singolo, che spesso per ovvi motivi di numeri più ampi e di tempi ristretti di allenamento, è considerato uno fra tanti nella sua squadra, considerando non solo le sue abilità nel gioco del calcio, ma anche le sue caratteristiche comportamentali, le sue attitudini e le sue proprietà caratteriali e di personalità.

Ai ragazzi che si iscrivono presso la nostra associazione vengono fatti fare esercizi per valutarne la preparazione psicomotoria, fisica e calcistica, ma anche test psicologici sportivi adatti all'età per valutarne le capacità di percezione dell'autostima e dell'autoefficacia, di reazione all'errore e di capacità di stare in un gruppo, spiegando poi i risultati a loro *ed ai genitori, intervenendo dove possibile e con l'accordo di tutti.*

Palestra del Calcio penso possa essere considerata un'innovazione nel panorama calcistico italiano, dove molto spesso è assegnato troppo valore alle vittorie piuttosto che alla crescita dei ragazzi, essendo vicino a concezioni di scuole calcio estere molto valide e che già ottengono ottimi risultati.

Con grande fiducia nelle nostre qualità, con obiettivi a breve, medio e lungo termine da raggiungere con grande passione e motivazione e soprattutto con umiltà e amore per lo sport ed i suoi valori, ogni giorno andiamo sul campo cercando di dare il meglio di noi per vedere felici, sorridenti, stanchi e gratificati i nostri iscritti, nonché oggettivamente migliorati nelle loro "capacità calcistiche".

Io credo con tutto me stesso nella buona riuscita della vision *che ci siamo preposti e spero che il nostro modus operandi venga apprezzato e considerato sempre più importante dalle persone che si affidano a noi. Se così fosse, sarebbe il riconoscimento che Palestra del Calcio agisce per il bene dei giovani atleti, aiutandoli a migliorarsi per emergere sì nel calcio, ma anche preparandoli alla vita attraverso la disciplina dello sport, che è sicuramente nel nostro mondo uno dei "luoghi" educativi di maggior rilievo».*

In poche pagine vi è riassunta una carriera professionale ed umana invidiabile. Davide Cattaneo ci dimostra come non basti essere *bravi con i piedi* ma anche, e soprattutto, *con la testa*. In poche righe ci descrive la sua carriera calcistica (ad oggi non ancora terminata), il suo percorso di studi e la sua idea educativa-imprenditoriale. Tra tutti, due aspetti emergono preponderanti: la conoscenza di sé (abbiamo già visto come proprio la consapevolezza sia fondamentale) e la passione. Passione perché è stato in grado di superare ogni ostacolo, ogni dubbio, ogni sacrificio grazie al *gusto di farlo*, frutto di una motivazione intrinseca con profonde radici. Consapevolezza perché è stato grazie alla sua capacità di osservare ed osservarsi che oggi è laureato ed ha dato vita a Palestra del Calcio. Potremmo soffermarci sulla sua capacità di porsi obiettivi o sulla sua determinazione, ma ciò che desidero sottolineare in questo capitolo è l'importanza dei valori educativi. Definirsi *allenatore-educatore* significa assumersi una grossa responsabilità. Spesso siamo portati a pensare che chi allena non debba educare, quando in realtà in ogni settore giovanile bisognerebbe essere prima educatori e poi allenatori. Assumersi la responsabilità di educatore significa riconoscere che nella relazione allenatore-atleta il trasferimento di competenze sport-specifiche ha senso solo se inserito in un più ampio processo di crescita psicofisico. Come Cattaneo sottolinea, non bisogna guardare allo sviluppo del calciatore, ma alla sua crescita come persona, che è trasversale durante tutto l'arco della vita. All'interno delle interviste inerenti la sua ricerca di tesi, un allenatore (di un'importante squadra professionistica) affermava che bisogna sempre ricordarsi che il primo obiettivo di un allenatore è quello di aiutare i bambini/ragazzi a crescere come persone, dato che le probabilità di divenire calciatori professionisti sono basse. Se non ci focalizziamo su una sana crescita psico-fisica, se decidiamo di allenare senza considerare i valori educativi, non possiamo considerarci allenatori. Dimenticarselo rischia di essere estremamente dannoso per i nostri allievi. Davide Cattaneo ha fatto propria questa modalità di intendere l'allenatore (un *allenatore-educatore*) e, con Palestra del Calcio, sempre più allenatori scopriranno l'importanza di essere prima educatori e poi tecnici.

10.4. Paolo Cozzi: una storia di sport ad alti livelli

Paolo Cozzi, 37 anni. Ex Nazionale Azzurra di pallavolo, argento Olimpico ad Atene 2004. Collabora con Mentesport.
*«Ho iniziato a fare sport sin da giovanissimo. All'età di tre anni ero un assiduo frequentatore del campo sportivo XXV Aprile a Milano, poi due anni di corsi di atletica, sei anni di calcio agonistico completati da campionati di corsa campestre e lezioni di sci. Quando alle medie ho scoperto il volley, grazie ad un professore molto appassionato, è stato amore a prima vista.
All'epoca non avevo mai pensato di diventare un campione e uno*

sportivo professionista, anche se, a dire il vero, nella mia cameretta, appeso sopra il letto, c'era il poster della nazionale italiana di pallavolo Campione del Mondo nel 1994: Giani, Pippi, Bernardi, Cantagalli, Tofoli, una generazione di autentici fenomeni che negli anni '90 vinse tutto. Ho ancora i brividi se penso che da lì a breve avrei giocato insieme a loro e nella squadra nazionale. Uno tra questi grandi nomi sarebbe addirittura diventato mio compagno di camera durante i lunghi ritiri estivi!

Dal 1994 la passione per il volley è esplosa dentro di me. Mentre tutti i miei compagni di liceo il sabato sera andavano a feste o al cinema, io giravo la Lombardia prima giocando in serie C, poi in B fino ad esordire in serie A2 a soli 18 anni.

Da lì alla serie A il passo è stato breve: a 20 anni ho giocato titolare la mia prima finale scudetto, poi l'esordio in Nazionale, gli Europei vinti a Berlino e Roma e a coronare la mia carriera, l'argento Olimpico ad Atene. Durante questi vent'anni ho giocato in molti club e ho girato l'Italia: da Modena a Cuneo, da Piacenza a Perugia passando per Vibo Valentia, Taranto e Castellana Grotte.

Ora, all'età di 35 anni, ho finalmente il tempo per ripensare alla mia carriera e a certi aspetti che a 20 anni neanche consideravo, ma che negli ultimi anni di professionismo ho scoperto essere i veri pilastri per una performance di alto livello. Sto parlando della motivazione, dell'atteggiamento mentale e del benessere psicologico.

Nei miei primi anni di serie A, quando ero il giovane talento pieno di entusiasmo e, sono sincero, poca consapevolezza, la mia unica preoccupazione era arrivare fresco il giorno della partita, saltare e tirare il più forte possibile. Tattica, tecnica e psicologia erano ancora concetti lontani da me. Il mio unico scopo era intimorire l'avversario, spaventarlo con la freschezza dei miei anni, convincermi che se avessi saltato tanto avrei giocato sicuramente una gran partita ma purtroppo questo assioma non sempre funzionava.

Dopo qualche anno e qualche infortunio di troppo alla schiena, mi sono trovato a giocare partite in condizioni fisiche molto precarie, destabilizzanti per come concepivo il buon gioco della *pallavolo. A fine partita però capitava spesso che mi domandassi ripetutamente come avessi potuto giocare così bene nonostante i limiti fisici.*

A quel tempo, non riuscivo a trovare una risposta. La chiave di lettura è arrivata solo con la maturità sportiva, quando, intorno all'età di 29 anni, ho capito che era molto meglio affrontare una partita importante trovandosi al 100% mentalmente, anche se con qualche problema fisico, che al 100% fisicamente ma con la testa altrove.

Sembrerebbe un paradosso ma, dalla mia esperienza, ho capito che il sentirsi bene fisicamente, forti e vigorosi porti ad abbassare la concentrazione e ad essere più vulnerabili a qualsiasi evento esterno alla sfera mentale. Sapere di non essere in perfette condizioni fisiche invece, obbliga a fare i conti inconsciamente con il nostro cervello aumentando automaticamente le energie cognitive messe nel gioco. Saper gestire l'aspetto mentale, nell'alto livello, è l'arma vincente per ogni professionista se sa sfoderarla nel modo corretto.

Nel corso della mia carriera ho avuto la fortuna di poter lavorare con uno psicologo dello sport. Mi ha accompagnato per una stagione in un bellissimo viaggio nelle profondità della mia mente, cercando di fornirmi strumenti finalizzati ad ottimizzare la mia performance, attraverso il potenziamento della fiducia in me stesso, delle capacità di concentrazione e di focalizzazione sull'obiettivo.

Quando presentarono per la prima volta questo personaggio alla squadra (quell'anno giocavo a Cuneo in una squadra costruita per portarsi a casa lo scudetto), ammetto che ero molto scettico, come del resto gran parte dello spogliatoio; ci immaginavamo una sorta di sciamano africano o uno stregone della mente.

Nei giorni seguenti scoprii che a richiedere quel particolare tipo di intervento era stato un mio compagno brasiliano, il leader della squadra nonché uno dei più forti giocatori al mondo in quel momento. Riflettendo un attimo, pensai: "Se Giba, che è il numero 1 al mondo, si avvale di questo supporto, forse è il caso di fare quattro chiacchiere con quello «strizzacervelli»!"

In realtà quello «strizzacervelli» era ben lontano da come lo avevo immaginato. Una volta superata la diffidenza iniziale, ho riconosciuto il grande valore aggiunto che un professionista di questo tipo avrebbe potuto darmi e così è stato. Quell'anno infatti, attraverso l'esercizio costante delle abilità mentali attraverso specifici esercizi di visualizzazione, ho ottenuto la mia miglior performance stagionale nel fondamentale della battuta di tutta la mia carriera.

In conclusione, per arrivare a giocare a certi livelli, occorrono sicuramente particolari doti fisiche, ma non solo. Il fattore che ho scoperto essere determinante, quello che porta un atleta a diventare un vincente, sta oltre l'aspetto tecnico e tattico, ed è la capacità di utilizzare tutte le potenzialità nascoste all'interno di se stessi.»

Quella di Paolo Cozzi è una storia retrospettiva: alla luce della maturità sportiva e della conclusione della carriera agonistica, ha riletto la sua storia, la narrazione di una vita condotta ad altissimi livelli. Durante l'infanzia ha avuto la fortuna di cimentarsi in diversi sport fino all'incontro con la pallavolo all'interno delle mura scolastiche. L'aver provato diverse attività sportive gli ha permesso poi di innamorarsi di una di queste, quella che ha sentito più sua, come una sorta di richiamo, facilitato sicuramente da un insegnante appassionato. Nelle parole di Paolo è presente un importante consiglio per tutti i genitori e adulti: almeno fino a 12 anni è importante che i bambini sperimentino diverse tipologie di sport non solo per promuovere diverse abilità motorie e atletiche ma anche per capire quale sport si conformi di più alle proprie caratteristiche ed interessi per giungere a una specializzazione sportiva consapevole e motivata solo nella pre-adolescenza.

Dalle parole di Paolo emerge il ruolo degli educatori, siano essi insegnanti o istruttori, coinvolti nell'arduo ma quanto mai appagante compito di aiutare i giovani sportivi a coltivare e nutrire le proprie passioni e talenti.

Ripensando alla sua esperienza, non può fare a meno di sorridere di fronte all'ingenuità e spavalderia con cui ha mosso i primi passi in un ambiente competitivo di alto livello, allo scetticismo di fronte allo «strizzacervelli» che poi si è rivelato essere una figura chiave della sua maturazione agonistica, alla sopravvalutazione della componente fisica a discapito delle inutili abilità tattiche, tecniche e psicologiche agli esordi della sua carriera.

L'elemento più interessante della storia di Paolo sta proprio nella riscoperta dell'elemento psicologico e umano del suo essere sportivo. Il voler arrivare al 100% pronto mentalmente alla partita significa lanciare un messaggio importantissimo alle future generazioni di atleti: allenate e curate le abilità mentali. La mente infatti è una grande alleata della prestazione sportiva, ma può diventare il nemico più temibile se non è in grado di gestirla e di controllarla. Paolo, ora che ha finito la carriera, ha deciso di trasmettere questo messaggio a giovani sportivi, allenatori, dirigenti e genitori attraverso incontri e conferenze con l'obiettivo di sensibilizzare alla crescita di sportivi non solo con delle buone gambe ma anche con una buona testa.

10.5. Dario Betti: il coraggio di cambiare

Dario Betti, 26 anni. Plurimedagliato nel pattinaggio artistico a rotelle. Attualmente pattinatore su ghiaccio. Collabora con Mentesport.

«Una fiamma. Paragono la carriera sportiva ad una fiamma. Tutti sappiamo che la vita "da sport ad alti livelli" non durerà in eterno e, prima o poi, proprio come una fiammella, si spegnerà per forze maggiori o semplicemente perché si sceglie di non alimentarla più per dar vita a nuove combustioni. La mia vita è così. Sono Dario Betti, un atleta di 24 anni che viene da uno sport poco conosciuto: il pattinaggio a rotelle. Dal 2008 al 2012 ho vinto 5 campionati mondiali e 6 titoli europei. A 21 anni mi sono reso conto che la mia fiamma era arrivata all'apice della sua grandezza: avevo dato tutto, ottenuto tutti i miei obiettivi, vinto, confermato, a volte perso e poi rivinto con ancora più determinazione fino al giorno in cui mi sono reso conto che potevo far nascere un'altra nuova fiamma. Avevo in mente obiettivi ancora più grandi, stimolanti, nuovi, che mi traghettavano verso un nuovo mondo, tutto da capire e vivere,

senza rimpianti per quello che in precedenza avevo fatto, perché è ciò che mi ha fatto crescere sia come atleta sia come persona. Questa nuova fiamma è stato il pattinaggio su ghiaccio, ho deciso di «convertirmi» al pattinaggio sul ghiaccio. Visto da fuori può sembrare identico a quello a rotelle (anche a me lo sembrava!) ma, nel concreto, parliamo di due realtà opposte sotto ogni aspetto! Volevo degli stimoli nuovi, imparare cose nuove, rimettermi in discussione in tutto, inseguire un sogno olimpico, non rimanere fermo ma crescere. Così ho preso questa decisione: cambiare! Non è facile partire da zero, ne ero consapevole, ma non avevo e non ho tuttora nulla da perdere, anzi, quotidianamente cerco di superare i miei limiti avendo in testa obiettivi ben chiari così che la mia fiamma sia sempre viva e costantemente alimentata. Non potrò pattinare ad alti livelli per sempre ed è anche questo, insieme a tutti i sogni che ho, che mi spinge ad andare avanti, ogni giorno, alzando sempre l'asticella della sfida con me stesso senza farmi mai «sedere». Facciamo crescere le nostre fiamme, crediamo nei nostri sogni, diamo sempre il massimo e tutto può succedere! Di certo ci si prova fino alla fine senza mai arrendersi. Questo è quello che ho fatto, faccio e continuerò a fare».

Nella storia di Dario si leggono due importanti insegnamenti:
- il coraggio di poter cambiare
- le vittorie e le medaglie non sempre fanno la felicità

Dario nel pattinaggio a rotelle aveva raggiunto ogni obiettivo che si era prefissato, era l'idolo indiscusso, il ragazzo da tutti riconosciuto per il suo talento e per le sue vittorie. Avrebbe potuto continuare a vivere in quel mondo sportivo fatto di fama e di successo a cui molti mirano per alimentare la propria autostima e motivazione. Per Dario non è stato così: sicuramente apprezzava i traguardi raggiunti ma, le medaglie e le vittorie, non erano sufficienti per realizzarlo come uomo e come sportivo. Ciò che teneva viva la sua fiamma non erano, e non sono tuttora, i riconoscimenti esterni e i premi (motivazione estrinseca), ma la sfida costante e continua con se stesso e i propri limiti, aspetti tipici della motivazione intrinseca. La vittoria costante e ripetuta non è stata per Dario un motivo sufficiente per continuare a pattinare sulle rotelle, perché si sentiva inappagato. Necessitava di nuovi stimoli per sentirsi nuovamente realizzato. Ha deciso perciò di dare ascolto a questo bisogno, sempre più esplicito ed impellente, mettendo a tacere le paure e le preoccupazioni legate al cambiamento. La profonda sensibilità e conoscenza di sé lo hanno portato ad affrontare con coraggio il grande passo che lo avrebbe proiettato in un universo completamente diverso nel quale si presentava non più come il pattinatore abituato a vincere ma come un novello. Il cambiamento di disciplina sportiva ha comportato quindi un adeguamento delle aspettative personali e un ridimensionamento del sé. Nell'affrontare le difficoltà legate al cambiamento, Dario non si è mai perso d'animo grazie alla tenacia e alla determinazione che lo contraddistinguono, sostenute da una costante focalizzazione sugli obiettivi. Ponendosi degli obiettivi di prestazione, centrati sull'acquisizione e il perfezionamento del gesto tecnico, Dario è riuscito, ed ancora oggi riesce, ad affrontare le sfide del pattinaggio sul ghiaccio.

10.6. Gianluca Chiloiro: ricominciare da zero

Gianluca Chiloiro, 45 anni. Direttore Tecnico della Scuola Marziale Mushin asd e responsabile della formazione di Muay Thai dell'organizzazione Fight1.
«Ho iniziato a studiare le arti marziali quasi per gioco nel novembre 1985, avevo tredici anni. Col tempo, da semplice passatempo la mia attività si è tramutata prima in agonismo e, successivamente, in vera e propria passione di vita. Nel 1991 ho iniziato ad allenare, in sostituzione del mio primo Maestro, che decise di lasciare il club di cui facevo parte. Essendo l'atleta più alto in grado mi venne chiesto dai responsabili di "tamponare" la situazione in attesa dell'arrivo di un nuovo Maestro, cosa che poi non avvenne e fu l'inizio del mio percorso come insegnante. In seguito fondai un'Associazione Sportiva Dilettantistica chiamandola con il soprannome che mi diede il mio secondo Maestro e da quel momento fui fondatore, insegnante e guida di un club che raggiunse negli anni grandi risultati sportivi, un

club al quale ho dato la mia vita in modo incondizionato per 22 anni, sacrificandomi completamente per un'idea e per un progetto. Fummo innovatori in provincia di Como nel campo della divulgazione di nuove discipline, in ambito agonistico portammo numerosi atleti a vincere titoli sia nazionali che internazionali e ad essere apprezzati per la tecnica dimostrata. Dopo tanti anni in prima linea senza sosta, nel 2012 sentendomi un poco "stanco" ho iniziato a desiderare di rallentare, pensando di coinvolgere alcuni atleti cresciuti sotto la mia guida. Come spesso accade, differenti visioni di gestione e programmazione portano le persone a non trovarsi più in sintonia. Per questo motivo dopo un anno e mezzo di incomprensioni, considerato che la situazione non fosse più recuperabile, con grande sofferenza ho lasciato la scuola da me fondata. La sera delle mie dimissioni ho avvisato gli atleti che chi intendesse continuare a seguire i miei allenamenti mi avrebbe trovato all'interno del parco del mio paese. Il lunedì seguente ho trovato al parco 44 dei 70 iscritti al club! Ho così iniziato ad allenare sul prato o, quando trovavamo l'erba umida e scivolosa nel parcheggio vicino, tra le auto, mentre nelle serate di pioggia ci allenavamo sotto gli alberi. Abbiamo trascorso al parco un mese e mezzo, continuando a cercare uno spazio temporaneo (almeno fino a luglio) all'interno delle strutture comunali, ma per diversi motivi queste soluzioni non sono state possibili. A metà maggio ci siamo spostati nel prato a lato di un campo di calcio (almeno avevamo le luci dopo le 21.00) ed abbiamo continuato a fare attività in questo luogo fino a fine luglio. Lì per fortuna avevamo a disposizione un vecchio tendone pieno di tavoli e panche per le feste che potevamo utilizzare in caso di pioggia. In quei mesi abbiamo avuto anche nuovi associati, sia nel corso per bambini che in quello per adulti, è stato bello vedere genitori che ti affidavano i loro figli anche se eravamo praticamente dei "senza tetto". Inoltre in questo periodo abbiamo iniziato a partecipare alle competizioni sportive e nelle prime due competizioni di giugno e luglio abbiamo raccolto sei vittorie (due per KO), due pareggi ed una sconfitta. Non male considerando che potevamo allenarci esclusivamente a corpo libero, perché non avevamo nessuna *attrezzatura, nessun sacco da boxe, nessuno strumento per lavorare con i pesi. Gli allenamenti come detto erano quasi esclusivamente a corpo libero, oltre ad esercizi che mi inventavo ingegnandomi con quello che avevo a disposizione: bottiglie d'acqua, zaini, secchi della spazzatura, usando come zavorra i bambini del nostro corso. Ma a quanto pare tutto questo ha funzionato. Da metà agosto fino alla fine di settembre ci siamo allenati nel cortile di casa mia, le ragazze si cambiavano nel mio bagno, i bambini analizzavano i movimenti seduti nella mia sala davanti alla TV, e poi tutti a correre nel bosco vicino. Ad ottobre abbiamo trovato un capannone dove poter aprire i corsi della nostra Associazione, ma era da sistemare: c'erano soltanto 4 muri ed un tetto, niente spogliatoi, niente acqua, niente riscaldamento. I ragazzi si sono allenati all'interno di questo capannone, al freddo e senza nulla se non qualche materassino di fianco ai sacchi di cemento, alla sabbia ed agli attrezzi dell'idraulico. A dicembre ci allenavamo con una temperatura media di quattro gradi, quando faceva "caldo" ne avevamo sette. Nonostante queste avversità gli iscritti aumentavano ed in gara i ragazzi raggiungevano sempre ottimi risultati. A gennaio abbiamo portato quattro ragazzi ai campionati italiani, ottenendo tre primi ed un secondo posto. Pian piano, solo con le nostre forze, stiamo sistemando tutta la nostra struttura, sia fisica che organizzativa. Credo fermamente che il fatto di trovarci da un giorno all'altro "per la strada" abbia contribuito a creare un forte legame di squadra tra noi e che tutte queste difficoltà siano state fondamentali nel creare nei ragazzi una motivazione così forte da accettare tutto».*

Ho conosciuto Gianluca solo qualche mese fa, per lavoro, e dopo aver ascoltato la sua storia gli ho chiesto di farmi il regalo di condividerla su questo libro. Il suo racconto è Motivazione allo stato puro. Le avversità, gli ostacoli, i vari inganni nulla possono di fronte ad una profonda e radicata motivazione intrinseca. Motivazione intrinseca di Gianluca, che ha saputo tenere duro e ricominciare da zero dopo aver portato la precedente Associazione Sportiva ad altissimi livelli. Ricominciare, specialmente dopo tanti sforzi, non è mai facile. Si inizia ad essere stanchi, intervengono alcuni pensieri negativi e la forza viene meno, ma non è stato il caso di Gianluca! Maniche rimboccate, grande flessibilità mentale, consapevolezza delle proprie capacità e via, si riparte. Ma da solo, Gianluca, non avrebbe potuto fare niente. È qui che entra in gioco la forza del gruppo, di quel gruppo di atleti che ha saputo seguirlo nonostante le difficoltà. Anche in questo caso possiamo parlare di motivazione intrinseca vera e propria. Non ci si allena per la palestra moderna, per il contesto simil-professionistico, ma ci si allena per migliorare, perché *lo si vuole davvero*. Non credo sia facile allenarsi in un parco, un giardino o un cantiere aperto, eppure loro l'hanno fatto. Ho avuto l'onore di poter vedere alcune foto di quel periodo: facce concentrate, serene, spesso sorridenti, sembrano scatti di una competizione internazionale, se non si vedesse sullo sfondo il cancello di ingresso della casa di Gianluca, o del parco, o qualche strumento da idraulico. Credo che certe storie non possano essere commentate più di tanto, quindi complimenti a Gianluca ed ai suoi atleti, in grado di dimostrarci che la motivazione ci può portare ben oltre i nostri limiti, fisici e mentali.

Attraverso queste storie si è voluto innanzitutto avvicinare il lettore ai temi trattati, più teoricamente, nei capitoli precedenti, ma non solo. Con la lettura di questi racconti ci auguriamo che tutti voi vi facciate portatori di una sana cultura sportiva, quella che è stata toccata ed approfondita, attraverso tematiche differenti, nel presente volume.

Riferimenti bibliografici

Capitolo 1

Atkinson, J. W. (1964). *An introduction to motivation*. Oxford: England.

Burton, D., Naylor, S., & Holliday, B. (2001). Goal setting in sport: Investigating the goal effectiveness paradox (pp. 497–528). In R. Singer, H. A. Hausenblas, & C. M. Janelle, (a cura di). *Handbook of research on sport psychology* (II ed.). New York: Wiley.

Csikszentmihalyi, M. (1990). *Flow: The psychology of optimal performance*. New York: Cambridge.

Csikszentmihalyi, M. (2014). *Flow and the Foundations of Positive Psychology*. Dordrecht: Springer Netherlands.

Darwin, C. (1859). *On the origin of species by means of natural selection*. London: Murray.

Deci, E. L., & Ryan, R. M. (1985). The general causality orientations scale: Self-determination in personality. *Journal of research in personality*, *19*, 109-134.

Deci, E. L., & Ryan, R. M. (2000). The 'what' and 'why' of goal pursuits: Human needs and the self-determination of behavior. *Psychological Inquiry*, *11*, 227-268.

Hull, C. L. (1943). *Principles of behavior: an introduction to behavior theory*. England: Oxford.

Kiresuk, T. J., Smith, A., & Cardillo, J. E. (1994). *Goal Attainment Scaling: Applications, Theory, and Measurement*. New York: Lawrence Erlbaum Associates.

Locke, E. A., & Latham, G. P. (1990). Work motivation and satisfaction: Light at the end of the tunnel. *Psychological science*, *1* (4), 240-246.

Lorenz, K. Z. (1937). The Companion in the bird's world. *Auk*, *54*, 245-73.

McClements, J. (1982). *Goal setting and planning for mental preparations*. In L. Wankel, & R. B. Wilberg (a cura di).

Psychology of sport and motor behavior: Research and and practice. Proceedings of the annual conference of the Canadian Society for psychomotor learning and sport psychology (pp. 165-172). Edmonton: University of Alberta.

McDougall, W. (1908). *Introduction to Social Psychology*. London: Methuen & Co.

Moè, A. (2010). *La Motivazione*. Bologna: Il Mulino.

Nascimbene, F. (2002). *Prospettive in psicologia dello sport.* Milano: EDUCatt Università Cattolica.

Nascimbene, F. (2011). *Guida alla psicologia dello sport. Verso un approccio relazionale-ipertestuale*. Milano: Libreria dello sport.

Rizzolatti, G., & Sinigaglia, C. (2006). *So quello che fai. Il cervello che agisce e i neuroni specchio*. Milano: Raffaello Cortina Editore.

Stark, J. S., Lowther, M. A., Ryan, M. P., Bomotti, S. S., Genthon, M. L., Martens, G. G., & Haven, C. L. (1988). *Reflections on course planning: Faculty and students consider influences and goals*. Ann Arbor, MI: University of Michigan, National Center for Research to improve postsecondary teaching and learning.

Weiner, B. (1972). *Theories of motivation: From mechanism to cognition.* Chicago: Rand Mc Nally.

Capitolo 2

Antonovsky, A. (1987). *Unraveling the mystery of health*. San Francisco: Jossey Bass.

Argyle, M. (1987). *The psychology of happiness*. London: Methuen.

Biddle, S. J. H., Fox, K. R., & Boutcher, S. H. (2000). *Physical activity and psychological well-being*. London: Routledge.

Bijnen, F. C., Feskens, E. J., Caspersen, C. J., Nagelkerke, N., Mosterd, W. L., & Kromhout, D. (1999). Baseline and previous physical activity in relation to mortality in elderly men: the Zutphen Elderly Study. *American Journal of Epidemiology, 150,* 1289-1296.

Blumenthal, J. A., Babyak, M. A., Doraiswamy, P. M., Watkins, L., Hoffman, B. M., Barbour, K. A., Herman, S., Craighead, W. E., Brosse, A. L., Waugh, R., Hinderliter, A., & Sherwood, A. (2007). Exercise and pharmacotherapy in the treatment of major depressive disorder. *Psychosom Med, 69* (7), 587–596.

Buchman, B. P., Sallis, J. F., Criqui, M. H., Dimsdale, J. E., & Kaplan, R. M. (1991). Physical activity, physical fitness, and psychological characteristics of medical students. *Journal of Psychosomatic Research, 35,* 197-208.

Cantoia, M., Crippa, M. C., Simoncelli, C., & Vagli, M. (2015). Motivazioni alla pratica e all'abbandono sportivo di atlete adolescenti. *Giornale Italiano di Psicologia dello Sport, 22,* 23-33.

Caspersen, C. J., Powell, K. E., Christenson, G. M. (1985). Physical activity, exercise and physical fitness: Definition and distinction for health related research. *Public Health Reports, 100* (2), 126-131.

Chaouloff, F. (1997). The serotonin hypothesis. In W. P. Morgan (a cura di), *Physical activity and mental health* (pp. 179–98). Washington, DC: Taylor & Francis.

Colcombe, S., & Kramer, A. F. (2003) Fitness effects on the cognitive function of older adults: A meta-analytic study. *Psychological Science, 14* (2), 125–30.

Dimeo, F., Bauer, M., Vahram, I., Proest, G., & Halter, U. (2001). Benefits from aerobic exercise in patients with major depression: a pilot study. *British Journal of Sports Medicine, 35,* 114–117.

Ekelund, U., Ward, H. A, Norat, T., *et al.* (2015). Physical activity and all-cause mortality across levels of overall and abdominal adiposity in European men and women: the European Prospective Investigation into Cancer and Nutrition Study (EPIC). *American Journal of Clinical Nutrition, 101,* 613–21.

Ekkekakis, P., Hall, E. E., & Petruzzello, S. J. (2004). Practical markers of the transition from aerobic to anaerobic metabolism during exercise: Rationale and a case for affect-based exercise prescription. *Preventive Medicine, 38,* 149–

59.

Fox, K. R. (2000). The effects of exercise on self-perceptions and self-esteem. In S. J. H. Biddle, K. R. Fox, & S. H. Boutcher (a cura di), *Physical activity and psychological well-being* (pp. 88–117). London: Routledge.

Hassmen, P., Koivula, N., & Uutela, A. (2000). Physical Exercise and Psychological Well-Being: A Population Study in Finland. *Preventive Medicine, 30*, 17-25.

Hoffmann, P. (1997). The endorphin hypothesis. In W. P. Morgan (a cura di), *Physical activity and mental health* (pp. 163–177). Washington, DC: Taylor & Francis.

International Society of Sport Psychology (1992). Physical activity and psychological benefits: a position statement. *The Sport Psychologist, 6*, 199-204.

ISTAT (2016). *La pratica sportiva in Italia.* https://www.istat.it/it/files/2015/10/CONI-Lo-sport-in-Italia-2016.pdf.

Kahneman, D., Diener, E., & Schwarz, N. (1999). *Wellbeing: the foundation of hedonic psychology.* New York: Russel Sage Foundation.

Kirkendall, D. R. (1986). Effects of physical activity on intellectual development and academic performance. In G. A. Stull, & H. M. Eckert (a cura di), *Effects of physical activity on children* (pp. 49–63). Champaign, IL: Human Kinetics and American Academy of Physical Education.

Knubben, K., Reischies, F. M., Adli, M., Schlattmann, P., Bauer, M., & Dimeo, F. (2007). A randomised, controlled study on the effects of a short-term endurance training programme in patients with major depression. *British Journal of Sports Medicine, 41* (1), 29–33.

Koltyn, K. F. (1997). The thermogenic hypothesis. In W. P. Morgan (a cura di), *Physical activity and mental health* (pp. 213–26). Washington, DC: Taylor & Francis.

Lee, I. M., Shiroma, E. J., Lobelo, F., Puska, P., Blair, S. N., & Katzmarzyk, P. T. (2012). Effect of physical inactivity on major non-communicable diseases worldwide: an analysis of burden of disease and life expectancy, *The Lancet, 380*, 219-29.

Lee, I. M., & Skerritt, P. J. (2001). Physical activity and all-cause mortality: what is the dose-response relation? *Medicine and Science in Sports and Exercise*, *33*, 459-471.

Martinsen, E. W. (1990). Benefits of exercise for the treatment of depression. *Sports Medicine*, *9*, 380-89.

McAuley, E., Mihalko, S. L. & Bane, S. M. (1996). Acute exercise and anxiety reduction: Does the environment matter. *Journal of Sport and Exercise Psychology*, *18*, 408-19.

Ministero della Salute (2014). Informativa OMS: attività fisica. http://www.salute.gov.it/imgs/C_17_pubblicazioni_2177_all egato.pdf

Nascimbene, F. (2002). *Prospettive in psicologia dello sport*. EDUCatt Università Cattolica.

Oatley, K., & Jenkins, J. M. (1996). *Understanding emotions.* Cambridge, MA: Blackwell Scientific.

OMS (1998). *Health promotion glossary.* Ginevra: World Health Organization Press. http://www.who.int/healthpromotion/about/HPR%20Glossa ry%201998.pdf

OMS (2010). *Global recommendations on physical activity for health.* Ginevra: World Health Organization Press. http://apps.who.int/iris/bitstream/10665/44399/1/978924159 9979_eng.pdf

Paterson, D. H., Jones, G. R. & Rice, C. L. (2007). Ageing and physical activity: evidence to develop exercise recommendations for older adults. *Applied Physiology, Nutrition and Metabolism*, *32*, S69-S108.

Paterson, D., & Warburton, D. (2010). Physical activity and functional limitations in older adults: a systematic review related to Canada's Physical Activity Guidelines. *International Journal of Behavioural Nutrition and Physical Activity*, *7*, 38.

Ryff, C. D., & Singer, B. H. (1998). The contours of positive human health. *Psychological Inquiry*, *9*, 1–28.

Ryff, C. D., & Singer, B. H. (2000). Interpersonal flourishing: A positive health agenda for the new millennium. *Personality and Social Psychology Review.* Special Issue: Personality and Social Psychology at the Interface: New Directions for

Interdisciplinary Research, *4* (1), 30-44.

Ryff, C., & Keyes, C. (1995). The structure of psychological well-being revisited. *Journal of Personality and Social Psychology, 69*, 719–727.

Ryff, D. C., & Singer, B. H. (2008). Know thyself and become what you are: An eudaimonic approach to psychological well-being. *Journal Happiness Studies, 9* (1), 13-39.

Scully, D., Kremer, J., Meade, M. M., Graham, R. & Dugeon, K. (1998). Physical exercise and psychological wellbeing: a critical review. *British Journal of Sport Medicine, 32*, 111-120.

Sonstroem, R. J. (1984). Exercise and self-esteem. *Exercise Sport Science Review, 12*, 123-55.

Tavolo Nazionale per la Governance nello Sport (TANGOS) (2012). *Piano Nazionale per la Promozione dell'Attività Sportiva.* Roma: Dipartimento per gli Affari Regionali, il Turismo e lo Sport. https://www.sportgoverno.it/media/64144/pianonazionalepas_definitivo2012.pdf.

Veenohoven, R. (1991). Is happiness relative? *Social Indicator Research, 24* (1), 1-34.

Veenohoven, R. (2013). *Condition of happiness.* Rotterdam: Springer Science & Business Media.

Waterman, A. S. (1993). Two conceptions of happiness: Contrasts of personal expressiveness (eudaimonia) and hedonic enjoyment. *Journal of Personality and Social Psychology, 64* (4), 678-691.

Wen, C. P, Wai, J. P. M., Tsau, M. K., Yang, Y. C., Cheng, T. Y. D., Lee, M., Chan, T. H., Tsao, C. K., & Wu, X., (2011). Minimum amount of physical activity for reduced mortality and extended life expectancy: a prospective cohort study. *The Lancet, 378*, 1244-1253.

Capitolo 3

Arnold, P. (2002). *Educazione motoria, sport e curricolo.* Milano: Guerini.

Kaiser, A. (1996). Introduzione. In A. Kaiser (a cura di), *Gioco e sport nelle scienze dell'educazione* (pp. 9-16). Genova: Sagep.

Isidori, E. (2009). *La pedagogia dello sport*. Roma: Carocci.

Prunelli, V. (2002). *Sport e agonismo. Come conciliare testa e gambe per formare uno sportivo completo*. Milano: Franco Angeli.

Scurati, C. (1991). *Educazione, sport e scuola oggi*. In S. Bucci (a cura di), *Studi pedagogici in onore di Aurelio Valeriani* (pp. 385-405). Napoli: Edizioni Scientifiche Italiane.

Scurati, C. (2009). Per una pedagogia dello sport: riflessioni dall'Italia. *Educación y educadores, 12* (2), 121-128.

CEI (2012). *Manifesto dello sport educativo*, Roma: CEI. http://www.chiesacattolica.it/turismo/siti_di_uffici_e_serviz i/ufficio_nazionale_per_la_pastorale_del_tempo_libero__tur ismo_e_sport_/00007719_Laboratorio_di_comunione_tra_l e_associazioni.html.

Capitolo 4

Feuerstein, R., Feuerstein, R. F., Falik, L., & Rand, Y. (2006). *The Feuerstein Instrumental Enrichment Program*. Jerusalem, Israel: ICELP Publications.

Nardone, G., & Watzlawick, P., (1999). *L'arte del cambiamento. La soluzione dei problemi psicologici personali e interpersonali in tempi brevi*. Firenze: Ponte alle Grazie editore.

Mehrabian, A. (1972). *Nonverbal communication*. Chicago (Illinois): Aldine-Atherton.

Scardovelli, M. (2008). *Barriere, consapevolezza e crescita personale*. Genova: Liberi di scrivere editore.

Stewart, I., & Joines, V. (1990). *L'analisi transazionale. Guida alla psicologia dei rapporti umani*. Milano: Garzanti Editore.

Watzlawick, P., Beavin, J. H., & Jackson, D. D. (1967). *Pragmatica della comunicazione umana*. Roma: Astrolabio, ed. italiana 1971.

Capitolo 5

AA.VV. (2008). Orientamenti dell'UE in materia di attività fisica. Azioni politiche raccomandate nel quadro del sostegno di un'attività fisica favorevole alla salute. Approvati dal gruppo di lavoro dell'UE su "Sport e salute". http://ec.europa.eu/assets/eac/sport/library/policy_documents/eu-physical-activity-guidelines-2008_it.pdf.

Allen, J. B. (2003). Social motivation in youth sport. *Journal of Sport and Exercise Psychology*, *25*, 1–17.

Andersen, L. B., Harro, M., Sardinha, L. B., Froberg, K., Ekelund, U., Brage, S., & Anderssen, S. A. (2006). Physical activity and clustered cardiovascular risk in children: a cross-sectional study (The European Youth Heart Study). *Lancet*, *22*, 368 (9532), 299-304.

Arendell, T. (2000). Conceiving and investigating motherhood: The decade's scholarship. *Journal of Marriage and Family*, *62*, 1192-1207.

Baxter-Jones, A. D., & Maffulli, N. (2003). Parental influence on sport participation in elite young athletes. *Journal of Sports Medicine Phys Fitness*, *43* (2), 250-5.

Berger, C. R. (2005). Interpersonal communication: Theoretical perspectives, future prospects. *Journal of Communication*, *55*, 415–447.

Bocchi, M. (2013). I ragazzi abbandonano lo sport: troppe pressioni e illusioni. *Gazzetta dello sport*. 6 marzo 2013.

Bois, J., Sarrazin, P., Brustad, R., Chanal, J., & Trouilloud, D. (2005). Parents' appraisals, reflected appraisals, and children's self appraisals of sport competence: A yearlong study. *Journal of Applied Sport Psychology*, *17* (4), 273–289.

Brannen, J., & Nilsen, A. (2006). From fatherhood to fathering: Transmission and change among british fathers in four-generation families. *Sociology*, *40* (2), 335-352.

Brettschneider, W. D., & Naul, R. (2014). *Study on young people's lifestyles and sedentariness and the role of sport in the context of education and as a means of restoring the balance*. Final report EU commission. http://eose.org/ressource/.

Brustad, R. J., & Partridge, J. A. (2002). Parental and peer influence on children's psychosocial development through sport. In F.L. Smoll, e R.E. Smith (a cura di), *Children and youth in sport: a bio-psycho-social perspective* (pp. 187-210). Dubuque, IA: Kendall/Hunt.

Cantoia, M. (2010). *Tutti in campo. Avviare i figli allo sport.* Milano: Edizioni San Paolo.

Caughlin, J. P. (2010). A multiple goals theory of personal relationships: Conceptual integration and program overview. *Journal of Social and Personal Relationships, 27,* 824–848.

Chase, M. A., & Dummer, G. M. (1992). The role of sports as a social status determinant for children. *Research Quarterly for Exercise and Sport, 63* (4), 418-24.

Coakley, J. (2006). The Good Father: Parental Expectations and Youth Sports. *Leisure Studies, 25* (2), 153–163.

Commissione Europea (2007). Libro bianco sullo sport. http://www.rdes.it/RDES_2_07_Libro_bianco_sport.pdf.

Daly, K. (1996). Spending time with the kids: Meanings of family time for fathers. *Family Relations, 45* (4), 466-476.

Docheff, D. M., & Conn, J. H. (2004). It's no longer a spectator sport. *Parks & Recreation, 39* (3), 62-70.

Dorsch, T. E., Smith, A. L., & McDonoug, M. H. (2009). Parents' perceptions of child-to-parent socialization in organized youth sport. *Journal of Sport Exercise Psychology, 31* (4), 444-68.

Dorsch, T. E., Smith, A. L., Wilson, S. R., & McDonoug, M. H. (2015). Parent Goals and Verbal Sideline Behavior in Organized Youth Sport. *Sport, Exercise, and Performance,* Vol. 4, No. 1, 19–35.

Eccles, J. S., Wigfield, A., & Schiefele, U. (1998). *Motivation.* In N. Eisenberg (a cura di), *Handbook of Child Psychology* (pp. 1017–95). New York: Wiley.

EUR Lex (2014). Resolution of the Council and of the Representatives of the Governments of the Member States, meeting within the Council, of 21 May 2014 on the European Union Work Plan for Sport (2014-2017). http://eur-lex.europa.eu/legal-content/EN/TXT/?uri=celex%3A42014Y0614 (03).

Field, T., Miguel, D., & Sanders, C. E. (2001). Exercise is positively related to adolescents' relationships and academics. *Adolescence, 36* (141), 105-10.

Findlay, L. C., Coplan, R. J. (2008). Come out and play: Shyness in childhood and the benefits of organized sports participation. *Canadian Journal of Behavioural Science, 40* (3), 153-161.

Fredricks, J. A., & Eccles, J. S. (2002). Children's competence and value beliefs from childhood through adolescence: growth trajectories in two male-sex-typed domains. *Developmental Psychology, 38* (4), 519–533.

Fredricks, J. A., & Eccles, J. S. (2004). Parental influences on youth involvement in sports. In M. R. Weiss (a cura di), *Developmental sport and exercise psychology: A lifespan perspective* (pp. 145–164). Morgantown, WV: Fitness Information Technology.

Fredricks, J. A., & Eccles, J. S. (2005). Family socialization, gender, and sport motivation and involvement. *Journal of Sport & Exercise Psychology, 27*, 3-31.

Goldsmith, D. J., Lindholm, K. A., & Bute, J. J. (2006). Dilemmas of talking about lifestyle changes among couples coping with a cardiac event. *Social Science and Medicine, 63*, pp. 2079-2090.

Gould, D., Lauer, L., Roman, N., & Pierce, M. (2005). Parenting tennis champions: A study of professional tennis players, their parents and coaches. Convegno Association for the Advancement of Applied Sport Psychology, Vancouver, Canada.

Green, K. (2010). *Key Themes in Youth Sport*. London: Routledge.

Harrington, M. (2006). Sport and leisure as contexts for fathering in Australian families. *Leisure Studies, 25* (2), 165-183.

Hoefer, W. R., McKenzie, T. L., Sallis J. F., Marshall S. J., & Conway T. L. (2001). Parental provision of transportation for adolescent physical activity. *American Journal of Preventive Medicine, 21* (1), 48-51.

Holt, N. L., Tamminen, K. A., Black, D. E., Sehn, Z. L., & Wall, M. P. (2008). Parental involvement in competitive youth sport settings. *Psychology of Sport and Exercise*, *9*, 663–685.

Istat (2017). *Indagine annuale "Aspetti della vita quotidiana"*. https://www.istat.it/it/archivio/195678.

Jambor, E. A. (1999). Parents as children's socializing agents in youth soccer. *Journal of Sport Behavior*, *22*, 350–359.

Marsh, H. W. (1998). Age and gender effects in physical self-concepts for adolescent elite athletes and nonathletes: A multicohort-multioccasion design. *Journal of Sport & Exercise Psychology*, *20* (3), 237-259.

Marsiglio, W., Roy, K., & Fox, G. L. (2005). Situated fathering: A spatially sensitive and social approach. In W. Marsiglio, K. Roy, & G. Fox (a cura di) *Situated fathering: A focus on physical and social spaces* (pp. 3-26). Lanham, Md.: Rowman & Littlefield.

Messner, M. A. (2001). Boyhood, organized sports, and the construction of masculinities. In M. S. Kimmel, & M. A. Messner (a cura di), *Men's Lives* (pp. 88-99). Needham Heights. MA: Allyn & Bacon.

Ranson, G. (2001). Men at work: Change -or no change?- in the era of the "New father". *Men And Masculinities*, *4* (1), 3-26.

Risoluzione delle Donne nello Sport del Parlamento Europeo (1987).

Sask Sport Committee (2011). *Children in sport. A FUNdamental skills development programme*. www.canadiansportforlife.ca.

Shakib, S., & Dunbar, M. D. (2004). How high school athletes talk about maternal and paternal sporting experiences: Identifying modifiable social processes for gender equity physical activity interventions. *International Review for the Sociology of Sport*. *39* (3), 275-299.

Shaw, S. M., & Dawson D. (2001). Purposive Leisure: Examining Parental Discourses on Family Activities. *Leisure Sciences: An Interdisciplinary Journal*, *23* (4), 217-231.

Shaw, S. M., & Dawson D. (2003). Contradictory Aspects of Family Leisure: Idealization versus Experience. *Leisure*, *28*, 179–201.

Skinner, E. A., Zimmer-Gembeck, M. J., & Connell, J. P. (1998). Individual differences and the development of perceived control. *Monographs of the Society for Research in Child Development, 63* (2–3, Whole No. 204).

Smith, A. L. (1999). Perceptions of peer relationships and physical activity participation in early adolescence. *Journal of Sport & Exercise Psychology, 21,* 329-350.

Smith, M. (2005). Parental influences on the physical activity behaviour of children of various ethnic backgrounds. *Research Quarterly for Exercise and Sport, 76* (1), 50-51.

Smoll, R. E., & Smith, F. L. (2012). *Sport Psychology for Youth Coaches: Developing Champions in Sports and Life.* New York: Rowman & Littlefield Publishers.

Stein, G. L., Raedeke, T. D., & Glenn, S. D. (1999). Children's perceptions of parent sports involvement: It's not how much, but to what degree that's important. *Journal of Sport Behavior, 22,* 591-601.

Stipek, D. J., & MacIver, D. (1989). Developmental change in children's assessment of intellectual competence. *Child Development, 60,* 521-538.

Stuntz, C. P., & Weiss, M. R. (2009). Achievement goal orientations and motivational outcomes in youth sport: The role of social orientations. *Psychology of Sport and Exercise, 10,* 255-262.

Such, E. (2006). Leisure and Fatherhood in Dual-Earner Families. *Leisure Studies, 25,* 185-99.

Trussell, D. E. (2009). Organized Youth Sport, Parenthood Ideologies and Gender Relations: Parents' and Children's Experiences and the Construction of "Team Family". Thesis, University of Waterloo.

Weiss, M. R., & Duncan, S. C. (1992). The relationship between physical competence and peer acceptance in the context of children's sport participation. *Journal of Sport & Exercise Psychology, 14,* 177-191.

White, S. A., Kavassanu, M., Tank, K. M., & Wingate, J. M. (2004). Perceived parental beliefs about the causes of success in sport: Relationship to athlete's achievement goals and personal beliefs. *Scandinavian Journal of Medicine and Science in Sports, 14,* 57-66.

Wiersma, L. D, & Fifer, A. M (2008). The schedule has been

tough but we think it's worth it. *Journal of Leisure Research*, *40* (4), 505-530.

Wilson, S. R. (2014). Conventional and personal goals: A commentary on "Managing interpersonal conflict: Advances through meta-analysis". In N. Burrell, M. Allen, B. M. Gayle, & R. Preiss (a cura di), *Managing interpersonal conflict: Advances through meta-analysis* (pp. 59-73). New York, NY: Routledge/Taylor & Francis.

Capitolo 6

Bandura, A. (2000). *Autoefficacia. Teoria e applicazioni.* Trento: Erickson.

Bonino, S., Cattelino, E., & Ciairano, S. (2007). *Adolescenti e rischio*. Firenze: Giunti.

Castelli, C. (2013) (a cura di). *Sport e resilienza. Il modello della Polisportiva Laureus.* Milano: Vita e Pensiero.

Ciairano, S. (2008) (a cura di). *Le attività motorie e sportive nello sviluppo degli adolescenti.* Bari: Laterza.

Confalonieri, E., & Grazzani Gavazzi, I. (2002). *Adolescenza e compiti di sviluppo.* Milano: Unicopli.

Crocetti, E., Rubini, M., Luyckx, K., & Meeus, W. (2008). Identity Formation in Early and Middle Adolescents From Various Ethnic Groups: From Three Dimension of Five Statuses. *Journal of Youth and Adolescence, 37,* 983- 996.

Crocetti, E., Rubini, M., & Meeus, W. (2008). Capturing the dynamics of identity formation in various ethnic groups: Development and validation of a three-dimensional model Science Direct. *Journal of Adolescence, 31,* 207-222.

Cyrulnik B. (2009). *Autobiografia di uno spaventapasseri. Strategie per superare le esperienze traumatiche.* Milano: Raffaello Cortina.

Devoto, G., & Oli, G. C. (1971), *Dizionario della lingua italiana.* Firenze: Le Monnier.

Erikson, E. H. (1982). *The Life Cycle Completed. A Review.* New York: Norton & Co. Tr. it. *I cicli della vita.* Roma: Armando, 1984.

Giovannini, D., & Savoia, L. (2002). *Psicologia dello sport*. Roma: Carocci.

Gozzoli, C. (2005). *La funzione sociale e psicologica dello sport*. In C. Ottaviano, & M. Travagliati (a cura di), *Ripartire dallo sport. La realtà sportiva tra prevaricazione e competizione*. Milano: ISU

Havighurst, R. J. (1952). *Developmental Task and Education*. New York: Davis McKay.

Mantegazza, R. (1999). *Con la maglia numero sette. Le potenzialità educative dello sport nell'adolescenza*. Milano: Unicopli.

Manzi, C., & Gozzoli, C. (2009) (a cura di). *Sport: prospettive psicosociali*, Roma: Carocci.

Marcia, J. E. (1980). *Identity in Adolescence*. In J. Adelson, *Handbook of Adolescent Psychology*. New York: Wiley.

Marta, E., & Lanz, M. (2012). *La transazione all'età adulta*. In E. Scabini, V. Cigoli, *Alla ricerca del famigliare* (pp.161-180). Milano: Raffaello Cortina.

Moé, A. (2010). *La motivazione*. Bologna: Il Mulino.

Mummery, W. K., Schofield, G., Perry, C., & Boucing, B. (2004). The role of coping style, social support and self-concept. *Journal of Sport Psychology, 6* (3), 1-18.

Nascimbene, F. (2002). *Prospettive in psicologia dello sport*. Milano: EDUCatt.

Nascimbene, F. (2011). *Guida alla psicologia dello sport*. Milano: Libreria dello Sport.

Oliverio Ferraris, A. (2003). *La forza d'animo. Cos'è e come possiamo insegnarla ai nostri figli*. Milano: Rizzoli.

Palmonari, A. (1997) (a cura di). *Psicologia dell'Adolescenza*. Bologna: Il Mulino.

Palmonari, A. (2001). *Gli adolescenti*. Bologna: Il Mulino.

Petter, G. (1990). *Problemi psicologici della preadolescenza e dell'adolescenza*. Firenze: La Nuova Italia.

Pietropolli Charmet, G. (2000). *I nuovi adolescenti. Padri e madri di fronte a una sfida*. Milano: Raffaello Cortina.

Pietropolli Charmet, G. (2010). *Fragile e spavaldo. Ritratto dell'adolescente di oggi*. Roma-Bari: Laterza.

Pietropolli Charmet, G. (2013). *La paura di essere brutti: gli adolescenti e il corpo*. Milano: Raffaello Cortina.

Pajares, F., & Urdan, T. (2005). *Adolescent Self-Efficacy*. Greenwich (CT): Information Age Publishing,

Scotto di Luzio, S., Procentese, F., & Guillet-Descas, E. (2014). La relazione allenatore atleta in adolescenza: implicazioni per il benessere percepito. Uno studio qualitativo. *Psicologia della Salute*, *1*, 50-69.

Shavelson, R. J., & Marsh, H. W. (1986). *On the Structure of Self-Concept*, in R. Schwarzer, *Anxiety and Cognitions* (pp. 305-330). Hillsdale (NJ): Erlbaum.

Steca, P., & Militello, J. (2009). Efficacia personale e collettiva nelle diverse discipline sportive. In C. Manzi, C. Gozzoli (a cura di), *Sport: prospettive psicosociali* (pp. 31- 50). Roma: Carocci.

Trabucchi, P. (2012), *Perseverare è umano. Come aumentare la motivazione e la resilienza negli individui e nelle organizzazioni.* Milano: Corbaccio.

Capitolo 7

Aarhus, R., Grönvall, E., Larsen, S. B., & Wollsen, S. (2011). Turning training into play: Embodied gaming, seniors, physical training and motivation. *Gerontechnology*, *10* (2), 110-120.

Acree, L. S., Longfors, J., Fjeldstad, A. S., Fjeldstad, C., Schank, B., Nickel, K. J., & Gardner, A. W. (2006). Physical activity is related to quality of life in older adults. *Health and quality of life outcomes*, *4* (1), 37.

Agmon, M., Perry, C. K., Phelan, E., Demiris, G., & Nguyen, H. Q. (2011). A pilot study of Wii Fit exergames to improve balance in older adults. *Journal of Geriatric Physical Therapy*, *34* (4), 161-167.

Anderson, F., Annett, M., & Bischof, W. F. (2010). Lean on Wii: physical rehabilitation with virtual reality Wii peripherals. *Stud Health Technol Inform*, *154*, 229-234.

Antonietti, A. (2009). Why is music effective in rehabilitation? In A. Gaggioli, E. Keshner, P. L. Weiss & G. Riva (A cura di), *Advanced technologies in neurorehabilitation* (pp. 179-194). Amsterdam: IOS Publisher.

Bandura, A. (1986). *Social foundations of thought and action: A social cognitive theory*. Englewood Cliffs, NJ: Prentice Hall.

Bellelli, G., Trabucchi, M. (2009). *Riabilitare l'anziano: teoria e strumenti di lavoro*. Roma: Carocci Faber.

Bertone, P., Close, J., Smith, S., Isaia, G., Tibaldi. V., Sciarrillo, I., Molinari Roet, K., Chiusano, V., Bottignole, G., Spagna Catania, A., Maggiana, G., & Aimonino Ricauda, N. (2012). Le nuove tecnologie applicate al campo della riabilitazione nel paziente anziano: studio pilota sullo *step training system*. *Giornale di Gerontologia, 60*, 277-282.

Binder, E. F., Schechtman, K. B., Ehsani, A. A., Steger-May, K., Brown, M., Sinacore, D. R., Yarasheski, K. E., & Holloszy, J. O. (2002). Effects of Exercise Training on Frailty in Community-Dwelling Older Adults: Results of a Randomized, Controlled Trial. *Journal of the American Geriatrics Society, 50* (12), 1921-1928.

Chaudhury, H., Mahmood, A., Michael, Y. L., Campo, M., & Hay, K. (2012). The influence of neighborhood residential density, physical and social environments on older adults' physical activity: An exploratory study in two metropolitan areas. *Journal of Aging Studies, 26* (1), 35-43.

Colbert, L. H., Matthews, C. E., Havighurst, T. C., Kim, K., & Schoeller, D. A. (2011). Comparative validity of physical activity measures in older adults. *Medicine and science in sports and exercise, 43* (5), 867-876.

Consolvo, S., Everitt, K., Smith, I., & Landay, J. A. (2006). Design requirements for technologies that encourage physical activity. In Conference on Human Factors in Computing Systems - Proceedings. (Vol. 1, pp. 457-466).

Cornejo, R., Hernández, D., Favela, J., Tentori, M., & Ochoa, S. (2012). Persuading older adults to socialize and exercise through ambient games. In *Pervasive Computing Technologies for Healthcare (PervasiveHealth), 2012 6th International Conference* on (pp. 215-218). IEEE.

Cress, M. E., Buchner, D. M., Prohaska, T., Rimmer, J., Brown, M., Macera, C., Dipietro, L. & Chodzko-Zajko, W. (2005).

Best practices for physical activity programs and behavior counseling in older adult populations. *Journal of Aging & Physical Activity, 13* (1), 61-67.

Fasola, J., & Mataric, M. J. (2012). Using socially assistive human–robot interaction to motivate physical exercise for older adults. *Proceedings of the IEEE, 100* (8), 2512-2526.

Fisher, K. J., Li, F., Michael, Y., & Cleveland, M. (2004). Neighborhood-level influences on physical activity among older adults: a multilevel analysis. *Journal of Aging & Physical Activity, 12* (1), 45-63.

Flores, E., Tobon, G., Cavallaro, E., Cavallaro, F. I., Perry, J. C., & Keller, T. (2008). Improving patient motivation in game development for motor deficit rehabilitation. In *Proceedings of the 2008 International Conference on Advances in Computer Entertainment Technology*, 381-384. ACM.

Franceschini, B. (2004). Videogiochi e New Media. In M. Bittanti, *Per una cultura dei videogames. Teorie e prassi del video giocare*. Milano: Unicopli.

Gerling, K. M., Schild, J., & Masuch, M. (2010). Exergame design for elderly users: the case study of SilverBalance. In *Proceedings of the 7th International Conference on Advances in Computer Entertainment Technology* (pp. 66-69). ACM.

Gill, D. L., Hammond, C. C., Reifsteck, E. J., Jehu, C. M., Williams, R. A., Adams, M. M., Lange, E.H., Becofsky, K., Rodriguez, E., & Shang, Y. T. (2013). *Physical activity and quality of life. Journal of Preventive Medicine and Public Health, 46* (1), S28-S34.

Hoenig, H., Taylor Jr, D. H., & Sloan, F. A. (2003). Does assistive technology substitute for personal assistance among the disabled elderly? *American Journal of Public Health, 93* (2), 330-337.

Larsen, L. H., Schou, L., Lund, H. H., & Langberg, H. (2013). The physical effect of exergames in healthy elderly—a systematic review. *Games for health: Research, Development, and Clinical Applications, 2* (4), 205-212.

Lee, J., Dunlop, D., Ehrlich-Jones, L., Semanik, P., Song, J., Manheim, L., & Chang, R. W. (2012). Public health impact of risk factors for physical inactivity in adults with rheumatoid arthritis. *Arthritis care & research, 64* (4), 488-493.

Lee, G. (2013). Effects of Training Using Video Games on the Muscle Strength, Muscle Tone, and Activities of Daily Living of Chronic Stroke Patients. *Journal of Physical Therapy Science, 25* (5), 595–597.

Lin, S. Y., Davey, R. C., & Cochrane, T. (2004). Community rehabilitation for older adults with osteoarthritis of the lower limb: a controlled clinical trial. *Clinical Rehabilitation, 18* (1), 92-101.

Maillot, P., Perrot, A., & Hartley, A. (2012). Effects of interactive physical-activity video-game training on physical and cognitive function in older adults. *Psychology and aging, 27* (3), 589-600.

Maillot, P., Perrot, A., & Hartley, A. (2013). The braking force in walking: age-related differences and improvement in older adults with exergame training. *Journal of aging and physical activity, 22*, 518-526

McAuley, E., Konopack, J. F., Motl, R. W., Morris, K. S., Doerksen, S. E., & Rosengren, K. R. (2006). Physical activity and quality of life in older adults: influence of health status and self-efficacy. *Annals of behavioral Medicine, 31* (1), 99-103.

McNulty, P., Mouawad, M. R, Doust, C. G., & Max, M. (2011). A Wii-based movement therapy to promote improved upper extremity function post-stroke: A pilot study. *Journal of Rehabilitation Medicine, 43* (6), 527-533.

Milner, A., Baker, E., & Sisiopiku, V. (2013). Motivations and barriers to utilizing adult walking buses: An examination of demographic correlates of willingness to participate in a community-based walking program. *Open Journal of Preventive Medicine, 3*, 517-525.

Nelson, M. E., Rejeski, W. J., Blair, S. N., Duncan, P. W., Judge, J. O., King, A. C., Macera, C.A. & Castaneda-Sceppa, C. (2007). Physical activity and public health in older adults: recommendation from the American College of Sports Medicine and the American Heart Association. *Circulation, 116* (9), 1094.

Netz, Y., & Raviv, S. (2004). Age Differences in Motivational Orientation Toward Physical Activity: An Application of Social-Cognitive Theory. *The Journal of psychology*, *138* (1), 35-48.

Rejeski, W. J., & Mihalko, S. L. (2001). Physical activity and quality of life in older adults. *The Journals of Gerontology Series A: Biological Sciences and Medical Sciences*, *56* (2), 23-35.

Resnick, B. (2002). Geriatric rehabilitation: the influence of efficacy beliefs and motivation. *Rehabilitation Nursing*, *27* (4), 152-159.

Schoene, D., Lord, S. R., Delbaere, K., Severino, C., Davies, T. A., & Smith, S. T. (2013). A randomized controlled pilot study of home-based step training in older people using videogame technology. *PloS one*, *8* (3), e57734.

Sharkey, A., & Sharkey, N. (2012). Granny and the robots: ethical issues in robot care for the elderly. *Ethics and Information Technology*, *14* (1), 27-40.

Silveira, P., Daniel, F., Casati, F., & de Bruin, E. D. (2013). Motivating and assisting physical exercise in independently living older adults: A pilot study. *International journal of medical informatics*, *82* (5), 325-334.

Smith, S. T., Sherrington C., & Studenski S. (2011). A novel Dance Dance Revolution (DDR) system for in-home training of stepping ability: basic parameters of system use by older adults. *British Journal of Sports and Medicine*, *45*, 441-5.

Song, C. H., Seo, S. M., & Lee, K. J. (2011). Video Game-Based Exercise for upper-extremity function, strength, visual perception of stroke patients. *Journal of Special Education and Rehabilitation*, *50*, 155-180.

Stewart, A. L., Grossman, M., Bera, N., Gillis, D. E., Sperber, N., Castrillo, M., Pruitt, L., MCLellan, B., Milk, M., Clayton, K., & Cassady, D. (2006). Multilevel perspectives on diffusing a physical activity promotion program to reach diverse older adults. *Journal of Aging & Physical Activity*, *14* (3), 270-287.

Van den Berg, M. H., Ronday, H. K., Peeters, A. J., Le Cessie, S., Van Der Giesen, F. J., Breedveld, F. C., & Vliet Vlieland,

T. P. M. (2006). Using internet technology to deliver a home-based physical activity intervention for patients with rheumatoid arthritis: A randomized controlled trial. *Arthritis Care & Research*, *55* (6), 935-945.

Weiss, D. R., Wolfson, C., Yaffe, M. J., Shrier, I., & Puts, M. T. (2012). Physician counseling of older adults about physical activity: the importance of context. *American Journal of Health Promotion*, *27* (2), 71-74.

White, S. M., Wójcicki, T. R., & McAuley, E. (2012). Social cognitive influences on physical activity behavior in middle-aged and older adults. *The Journals of Gerontology Series B: Psychological Sciences and Social Sciences*, *67* (1), 18-26.

World Health Organization (2000). The World Health Report 2000 Health Systems: Improving performance. http://www.who.int/whr/2000/en/whr00_en.pdf.

Capitolo 8

Hutzler, Y., & Sherrill, C. (2007). Defining adapted physical activity: International perspectives. *Adapted Physical Activity Quarterly*, *24* (1), 1.

Iosa, M., Morelli, D., Marro, T., Paolucci, S., & Fusco, A. (2013). Ability and stability of running and walking in children with cerebral palsy. *Neuropediatrics*, *44* (3), 147-154.

Iosa, M., Morelli, D., Nisi, E., Sorbara, C., Negrini, S., Gentili, P., Paolucci, S., & Fusco, A. (2014). Assessment of upper body accelerations in young adults with intellectual disabilities while walking, running, and dual-task running. *Human movement science*, *34*, 187-195.

Lieberman, L. J., Houston-Wilson, C., & Kozub, F. M. (2002). Perceived barriers to including students with visual impairments in general physical education. *Adapted Physical Activity Quarterly*, *19*, 364-377.

Sherrill, C., & O'Connor, J. (1999). Guidelines for improving adapted physical activity research. *Adapted Physical Activity Quarterly*, *16*, 1-8.

Winnick, J. P., & Poretta, D. (2011). *Adapted physical education and sport*. Champaign, IL: Human Kinetics.

Capitolo 9

Ellis, A. (1957). Rational psychotherapy and individual psychology. *Journal of Individual Psychology*, *13*, 38-44.
Fredrickson, B. L. (2004). The broaden-and-build theory of positive emotion. *Phil. Trans. R. Soc. Lond. B, 359*, 1367-1377.
Martens, R. (1987). *Coaches Guide to Sport Psychology*. Champaign, IL: Human Kinetics.
Merton, R. (1949). *Social Theory and Social Structure*, Glencoe. III: The Free Press; trad.it. *Teoria e Struttura Sociale*. Bologna: Il Mulino 1959
Robazza, C., Bortoli, L., & Gramaccioni, G. (1994). *La preparazione mentale nello sport*. Roma: Edizioni Luigi Pozzi.
Rushall, B. S. (1984). *The content of competition thinking*. In W. F. Straub, & J. M. Williams (a cura di), *Cognitive Sport Psychology* (pp. 51-62). Lasing, NY: Sport Science Associates.
Schultz, J. H. (1996). *Il training autogeno. I - esercizi inferiori*. Milano: Feltrinelli.

Capitolo 10

Trabucchi, P. (2007). *Resisto dunque sono*. Milano: Corbaccio.
Maslow, A. (1954). *Motivation and Personality*. New York: Harper.

www.ingramcontent.com/pod-product-compliance
Lightning Source LLC
Chambersburg PA
CBHW062144280526
45788CB00001B/304